中华传统美德百字经

艰·艰苦创业

于永玉　迟 卉◎编

　　一段历史之所以流传千古，是由于它蕴涵着不朽的精神；一段佳话之所以人所共知，是因为它充满了人性的光辉。感悟中华传统美德，获得智慧的启迪和温暖心灵的感动；品味中华美德故事，点燃心灵之光，照亮人生之路。

天津人民出版社

图书在版编目（CIP）数据

艰：艰苦创业 / 于永玉，迟卉编. —天津：天津
人民出版社，2012.1

（巅峰阅读文库. 中华传统美德百字经）

ISBN 978-7-201-07321-7

Ⅰ. ①艰…　Ⅱ. ①于…②迟…　Ⅲ. ①品德教育—中
国—通俗读物　Ⅳ. ① D648-49

中国版本图书馆 CIP 数据核字 (2011) 第 264610 号

天津人民出版社出版

出版人：刘晓津

（天津市西康路 35 号　邮政编码：300051）

邮购部电话：（022）23332469

网址：http://www.tjrmcbs.com.cn

电子信箱：tjrmcbs@126.com

北京一鑫印务有限责任公司印刷　新华书店经销

2012 年 1 月第 1 版　2012 年 1 月第 1 次印刷

690×960 毫米　16 开本　10 印张　字数：100 千字

定价：19.80 元

中国是一个具有悠久历史和灿烂文化的文明古国，也是举世闻名的礼仪之邦。在历史的长河中，中华民族创造出了绚丽多彩的物质文化和精神文化，为人类的发展和进步做出了重要贡献。其中，中华民族的传统美德被大家代代传承。

那么，什么是传统美德？什么是中华民族的传统美德呢？通常来说，传统美德就是在自觉或习俗的道德规范中，一些被大多数人所接受并实际奉行的，而且在现代仍有着积极影响的那些美德。具体到中华民族传统美德，概括起来就是指中华民族优秀的民族品质、优良的民族精神、崇高的民族气节、高尚的民族情感以及良好的民族礼仪等，是中华民族在历史实践过程中积累而成的稳定的社会优秀道德因素，体现在人们生活的方方面面，涉及政治、经济、文化、意识等领域，并通过社会心理结构及其他物化媒介得以代代相传。

前 言

经过长期的历史沉淀，中华传统美德已融入到中华民族的思想意识和行为规范中，成为社会道德文化的遗传基因，成为整个中华民族文化的精神内涵，也是中华五千年文明史的精髓所在。继承和弘扬中华民族传统美德，可以振奋民族精神，增强民族自尊心、自信心、自豪感和凝聚力，使社会主义道德规范具有更丰富的内涵，让社会主义、集体主义、爱国主义思想等更加深入人心，成为社会主义文化的主旋律。同时，还可以更好地协调人际关系，促进社会主义市场经济的健康发展，形成有中国特色的、适应社会发展的价值观和伦理道德规范。

国民的思想道德状况，尤其是青少年的思想道德状况，直接关系着一个国家、一个民族的整体素质，关系着国家前途和民族命运。目前，我国已进入改革发展的新时期新阶段，德育教育的价值和意义更是日渐凸显。大力弘扬中华传统美德，建设社会主义核心价值体系，促进社会主义文化的发展和繁荣，是建设全面小康社会的主要任务，更是实现中华民族伟大复兴的必然要求。因此，党中央非常注重我国公民道德建设，全社会也已形成了加强和改进思想道德建设的新风尚。

青少年是国家的希望，是民族不断发展和延续的根本，因此，青少年德育教育就显得更加重要。为了增强和提升国民素质，尤其是青少年的道德素质，我们特意精心编写了本套丛书——《中华传统美德百字经》。

本套丛书立足当前公民，尤其是青少年思想道德教育的现实，将中华民族的传统美德归纳为一百个字，即学、问、孝、悌、师、教、言、行、中、庸、仁、义、敦、和、谨、慎、勤、俭、恤、济、贞、节、谦、让、宽、容、刚、毅、睦、贤、善、良、通、达、知、理、清、廉、朴、实、志、道、真、立、忠、诚、公、正、友、爱、同、礼、温、信、尊、敬、恭、恕、责、仪、精、专、博、富、明、智、勇、力、安、全、平、顺、敏、思、积、利、健、率、坚、情、养、群、严、慈、创、新、变、革、争、谏、诲、齐、省、克、竞、求、简、洁、强、律。丛书内容丰富、涵盖性强，力图将中华民族传统美德的内涵囊括进去。丛书通过故事、诗文和格言等形式，全面地展示了人类永不磨灭的美德：诚实、孝敬、负责、自律、敬业、勇敢……

艰·艰苦创业

2

这些故事在中华民族几千年的历史长河中，一直被人们用来警醒世人、提升自己，用做道德上对与错的标准；同时通过结合现代社会发展，又使其展现了中华民族在新时代的新精神、新风貌，从而较全面地展示了中华民族的美德。

在本套丛书中，为了帮助读者更好地理解这些源远流长的传统美德，我们还在每一篇故事后面给出了"故事感悟"，旨在令故事更加结合现代社会，结合我们自身的道德发展，以帮助读者获得更加全面的道德认知，并因此引发读者进一步的思考。同时，为丰富读者的知识面，我们还在故事后面设置了"史海撷英"、"文苑拾萃"等板块，让读者在深受美德教育、提升道德品质的同时，汲取更多的历史文化知识。

前 言

这是一套可以打动人心灵的丛书，也是可以丰富我们思想内涵的丛书……《中华传统美德百字经》向我们展示的是一种圣洁的、高尚的生活哲学。无论在任何社会、任何时代，给予人类基本力量的美德从来不曾变化。著名的美国政治家乔治·德里说："使美国强大的不是强权与实力，而是上帝赐予的美德。假如我们丢失了最根本且有用的美德，导弹和美元也不能使我们摆脱被毁灭的命运。"在今天，我们可能比任何时候都更应关心道德问题，尤其是青少年的道德问题，因为今天我们正逐渐面临从未有过的道德危机和挑战。

人生的美德与智慧就像散落的沙子，我们哪怕每天只收集一粒，终有一天能积沙成塔，收获一个光辉灿烂的明天。《中华传统美德百字经》中的美德故事将直指我们的内心，指向人性中善良的一面，唤起我们内心深处的道德感。因此，中华民

族的传统美德也一定会在我们的倡导和发扬之下，世世传承，代代延续！

全套丛书分类编排，内容详尽、文字优美、风格独具，是公民，尤其是青少年思想道德建设的优秀读物。愿这些恒久流传的美文和故事能抚平我们每个人驿动的心，愿这些优秀的美德种子能在青少年身上扎根、发芽、生长……

艰·艰苦创业

　　古人说：创业维艰，创业维难。确实，任何创业都是艰难的，对于关系一个民族生存和发展的大业更是如此。艰苦创业作为一种传统美德，在史前时代就形成了，它是我们的先民们在原始社会勤劳勇敢、艰苦奋斗精神的生动体现。原始社会经历了几百万年，然而在这段漫长岁月里先民们艰苦创业的历史活动和优良品德却没有文字记载，给我们留下的只是古老的传说和神话……

　　回顾中华民族五千年历史，从奴隶社会到封建社会再到民国以至中华人民共和国成立，历来开创一段历史都需要开国元勋们不懈努力、艰苦奋斗，更需要无数人为之抛头颅、洒热血。正是靠着伟人、先烈们不怕牺牲、排除万难、为民造福、勇于献身的精神，才有了中华民族文明发展的不断进步。尤其是在民主革命时期，在中国共产党的领导下，人民大众发扬"愚公移山"的精神，搬掉了压在我们民族头上的三座大山。

　　中华民族人口约占世界人口的五分之一，绝大多数人生活在祖国大陆，也有很多散居世界各地。这些海外华人、华裔、华侨勤奋好学、图强进取、艰苦创业、颇有建树，为人类、为所在国家或地区作出了贡献。

　　而在我们神州大地上，创业已是每个人都可能选择的一种生活方式，一种人生追求，抑或一种实现人生价值的征程。创业或许已不是一种壮举，却仍需要我们满怀激情，需要我们坚韧、自信而奋斗不息！有一点所有人不得不承认，正是那些可爱、可敬、可亲、可叹、可赞的创业者们，成为了今日中国之脊梁！

　　本书通过古代先贤们"筚路蓝缕以启山林"和近现代楷模们战天斗地、不怕牺牲、排除万难、艰苦创业的故事，从各方面、各角度展现了华夏儿女艰苦创业、奋斗不已的传统美德。

今天，我们正在建设的社会主义文明是一种崭新的文明，但是它应当而且必须深深地扎根于我们民族传统文化的土壤之中。继承和弘扬艰苦创业的传统美德，既是我们进行这一伟大工程的历史前提和精神动力，又是保证我们社会主义文明建设具有民族特色的必要条件。

目录

ZHONGHUACHUANTONGMEIDEBAIZIJING
中华传统美德百字经

艰·艰苦创业

第一篇

创业艰难百战多

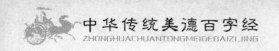

教稼穑炎帝神农尝百草

◎苟利国家，不求富贵。——《礼记·儒行》

> 　　神农氏本为姜水流域姜姓部落首领，后发明农具以木制耒，教民稼穑饲养、制陶纺织及使用火，以功绩显赫，以火得王，故为炎帝，世号神农，曾建都山东曲阜，并被后世尊为农业之神。神农氏又曾跋山涉水，尝遍百草，找寻治病解毒良药，以救夭伤之命，后因误食"火焰子"肠断而死。《神农本草经》即是依托他的著作。

　　上古时期，五谷与杂草是长在一起的，药物和百花也是开在一起的，所以哪些粮食能吃吃，哪些草药能治病，谁都分不清。黎民百姓开始时是靠打猎过日子，可是天上的飞禽越打越少，地下的走兽越打越稀，人们没东西吃，就只好饿着肚子。谁要是生疮害病，也没有药物医治，只能白白等死。

　　老百姓的疾苦，神农氏都看在眼里，急在心上。怎样才能让百姓吃饱肚子？怎样才能为百姓治病疗伤？神农苦思冥想了三天三夜，终于想出了一个办法。

　　第四天，神农带着一批臣民，从家乡随州的历山出发，向西北大山走去。整整走了七七四十九天，来到了一个地方。

　　只见这里的高山一峰接一峰，峡谷一条连一条，山上长满了奇花异草，老远就能闻到一股股香气。

　　神农等人正在往前走，突然从峡谷里窜出来一群狼虫虎豹，把神农几个人团团围住。神农马上让臣民们挥舞神鞭，向野兽们打去。可是打走一批，马上又拥上来一批，一直打了七天七夜，才把野兽都赶跑了。那些虎豹蟒蛇身上被神鞭抽出了一条条一块块的伤痕，后来变成了皮上的斑纹。

臣民们都说这里太险恶，劝神农回去，神农却摇摇头说："不能回去！黎民百姓饿了没吃的，病了没医的，我们怎么能回去呢！"

说着，神农领头进了峡谷，来到一座茫茫大山脚下。

这座山峰半截插在云彩里，四面都是刀切的悬崖，崖上挂着瀑布，长着青苔，溜光水滑，看来没有登天的梯子是上不去的。臣民们又劝神农还是趁早回去吧，神农仍然摇摇头，说："不能回去！黎民百姓饿了没吃的，病了没医的，我们怎么能回去呢！"

神农站在一个小石山上，对着高山，上望望，下看看，左瞅瞅，右瞄瞄，打主意，想办法。后来，人们就把他站的这座小山峰叫"望农亭"。

神农看到了几只金丝猴，正顺着高悬的古藤和横倒崖腰的朽木爬过来。神农灵机一动，有了！他当下把臣民们都喊来，叫他们砍木杆、割藤条，靠着山崖搭成架子，一天搭上一层，从春天一直搭到夏天，从秋天又搭到冬天，不管刮风下雨，还是飞雪结冰，从来都没有停工。整整搭了一年，搭够了360层，才搭到山顶。传说，后来人们盖楼房用的脚手架，就是学习神农搭架子的办法。

神农带着臣民们攀登着木架，登上了山顶。山上简直是花草的世界，红的、绿的、白的、黄的，各色各样的花草密密丛丛，神农喜欢极了。他叫臣民们防着狼虫虎豹，自己亲自采摘花草，放到嘴里品尝。

为了在这里品尝百草，为老百姓找吃的、找医药，神农就叫臣民在山上栽了几排冷杉，当做城墙防野兽，并在墙内盖了一间茅屋居住。后来，人们就把神农住的地方叫"木城"。

白天，神农领着臣民在山上尝百草；晚上，他就叫臣民生起篝火，就着火光把这些百草的作用详细地记载下来：哪些草是苦的，哪些热，哪些凉，哪些能充饥，哪些能医病，都记得清清楚楚。

有一次，神农把一棵草放到嘴里尝了一下后，霎时天旋地转，一头栽倒在地。臣民们慌忙把神农扶起来。神农知道，自己这是中了毒，可是已经不会说话了，只好用最后一点力气，指着面前一棵红亮亮的灵芝草，又指指自己的嘴巴。臣民们慌忙把那红灵芝拔起来，放到嘴里嚼一嚼，又喂到神农的嘴里。

神农吃了灵芝草后，毒气很快就解了，头不昏了，也会说话了。从此，人们都说灵芝草可以起死回生。

臣民们担心神农这样尝草太危险了，都劝他还是下山回去。神农又摇摇头，说："不能回去！黎民百姓饿了没有吃的，病了没有医的，我们怎么能回去呢！"说罢，他又接着尝起百草来。

神农尝完一座山上的花草后，又到另一座山上去尝，还是用木杆搭架的办法，攀登上去。一直尝了七七四十九天，踏遍了这里的山山岭岭。他尝出了麦、稻、谷子、高粱能充饥，就叫臣民把种子带回去，让黎民百姓种植，这就是后来的五谷。他还尝出了365种草药，写成《神农本草》，叫臣民带回去，为天下百姓治病。

经历了无数的辛苦和牺牲，神农终于尝完了百草，为黎民百姓找到了充饥的五谷和医病的草药。等他们准备下山回去时，神农放眼一望，遍山搭的木架都不见了。

原来，那些搭架的木杆已经落地生根，淋雨吐芽，年深日久，竟然长成了一片茫茫林海。神农正在为如何下山犯难，这时，天空突然飞来一群白鹤，把神农和护身的几位臣民接上天廷去了。从此，回生寨一年四季都有香气弥漫，老百姓都过上了幸福安康的生活。

为了纪念神农尝百草、造福人间的功绩，老百姓就把这一片茫茫林海取名为"神农架"，把神农升天的回生寨改名为"留香寨"。

◎故事感悟

神农为"令民知所避就"而尝百草，正反映了我们民族祖先们不怕牺牲、排除万难、为民造福、勇于献身的崇高道德精神。正是这种精神，才使得我们民族斩榛辟莽、前驱先路，成为了世界上最早的文明发源地之一。

◎史海撷英

茶叶的发现

神农在山上尝百草时，随身带了一只可以看到五脏六腑、十二经络、帮助他识别药性的活"仪器"——獐鼠，又名"獐狮"。民间有"药不过獐鼠不灵"之说。

有一天，獐鼠吃了巴豆腹泻不止，神农就把它放在一棵青叶树下休息。过了一夜，獐鼠竟然奇迹般地康复了。原来，獐鼠是吸吮了青树上滴落的露水解了毒。于是，神农就摘下青树的青叶放进嘴里品尝，顿感神志清爽、甘润止渴。

后来，神农就教老百姓种了这种青树，它就是现在的茶树。这就有神农架民间传唱着"茶树本是神农栽，朵朵白花叶间开。栽时不畏云和雾，长时不怕风雨来。嫩叶做茶解百毒，每家每户都喜爱"的山歌。

◎文苑拾萃

华夏人

夏也被称为"华夏"、"诸夏"，是古代居住在中原地区的汉民族的自称。《说文》中称："夏，中国之人也。"所谓的"中国"，也就是指古代的中原地区，这是与周围的夷狄地区相对而言的。

从大约公元前5000年起，当今汉族的主体华夏族便在黄河流域起源，并开始逐渐发展起来，进入了新石器时期，并先后经历了母系和父系氏族公社阶段。

公元前2700年，活动在今陕西中部地区的一个姬姓部落，首领是黄帝，其南面还有一个以炎帝为首的姜姓部落。两个部落经常发生摩擦，最终爆发了阪泉之战，黄帝打败了炎帝。之后，两个部落结为联盟，并攻占了周边的各个部落，华夏族的前身由此产生。

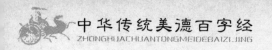
杂诗四首

宋·黄庭坚

（一）

扁舟江上未归身，明月清风作四邻。
观化悟来俱是妄，渐疏人事与天亲。

（二）

佛子身归乐国遥，至人神会碧天寥。
劫灰沈尽还生妄，但向平沙看海潮。

（三）

小德有为因有累，至神无用故无功。
须知广大精微处，不在存亡得失中。

（四）

黄帝炼丹求子母，神农尝药辨君臣。
如何苦思形中事，忧患从来为有身。

商汤革命建大商

◎从天而颂之，孰与制天命而用之？ ——《荀子》

商汤（？ —前1588年），子姓，名履。庙号太祖，为商太祖。商朝的创建者，在位30年，其中17年为商国诸侯，13年为商朝国王。今人多称商汤，又称武汤、天乙、成汤、成唐，甲骨文称唐、大乙，又称高祖乙，商族部落首领。

夏朝时期，自从孔甲继位为夏王以后，便"好方鬼神，事淫乱"，整日不理朝政，只迷信鬼神，专事打猎玩乐，导致百姓怨恨，诸侯反叛。

由于国力衰弱，夏朝无法控制周围诸侯国势力的发展。在夏朝的诸侯国中，商自上甲灭有易以后，势力逐渐发展壮大起来。而农业和牧业的发展，社会财富的增加，也促使商族由氏族制度逐渐过渡到奴隶制度。

为了向外发展势力，掠夺更多的奴隶和财物，在上甲微到主癸的六个商侯时，曾经两次迁徙，一次是迁到殷（今河南安阳小屯），另一次是由殷又迁回商丘。到了主癸时，商已经发展成为一个具有国王权力的大国诸侯了。主癸死后，由他的儿子汤继位为商侯。

商汤继主癸成为诸侯时，正是夏桀暴虐无道、残害人民、侵夺诸侯、天怒人怨的时候。商汤就抓住这个有利时机，开始作消灭夏朝的准备。

商族从始祖契开始，到商汤的时候，已经将居住地方迁八次了。商汤为了准备灭夏朝，首先把居住地方从商丘迁到商族祖先帝喾曾经居住过的亳，在这里积蓄粮草，招集人马，训练军队。本来商汤曾被夏王朝授予"得专征伐"的大权，也就是说，他想要讨伐谁，是可以不经夏王的批准而有权出兵的。但是，汤准备讨伐的却并不是一般的诸侯，而是统治全国的夏王朝。他为了削弱夏王朝的势力，排除灭夏的障碍，争取更多的诸侯反夏，首先就从商的邻国葛开始。

葛是亳西面的一个诸侯国，在夏王朝所属的诸侯国中并不算大。葛伯是个忠实于夏桀的奴隶主，也是夏桀在东方地区诸侯国中的一个耳目。

商汤担心葛伯妨碍他灭夏的计划，将他的活动报告给夏桀，所以就想争取葛伯不再为夏桀效力，助商汤灭掉夏朝。可是，葛伯是一个好吃懒做的人，即使在古代社会中被视为国家大事的祭祀天地神鬼，他都不愿执行了。当商汤得知葛伯已经有很长时间没有举行过祭祀了，就派使者前去询问原因。

葛伯很狡猾，深知商的畜牧发达，有大量的牛羊，就说："我们不是不懂得祭祀的重要，只是每次祭祀都要用许多牛羊，我们现在没有牛羊，拿什么祭祀呢？"商使回去后，就如实地回报给汤。

商族是最讲迷信的，几乎每天都要进行各种不同形式的祭祀，而每次祭祀都要用牛羊来作牺牲。古代的牺牲，就是指用家畜来作祭祀的贡品。用纯色的家畜，如牛、羊、犬、猪等叫做牺；用整体家畜叫做牲。用纯色整体的家畜作祭祀时的贡品，就叫做牺牲。

汤听使者回来报告说葛伯之所以不举行祭祀，是因为没有牺牲，就派人挑选一群肥大的牛羊送给葛伯。

葛伯见商汤这样相信他的话，居然还得了不少牛羊，就将牛羊全部杀掉吃了，仍然不祭祀。

商汤得知葛伯仍然没有祭祀，又派使者到葛伯那里，询问他为什么不祭祀。葛伯又说："我们的田中种不出粮食来，没有酒饭来作贡品，当然就举行不了祭祀。"

汤得知葛伯是一个不关心人民生产、只知享乐的人，就派亳地的人前往葛地，去帮助葛伯种庄稼。

　　葛国的人民在葛伯这个昏君的统治下，生活非常艰苦，衣食都不能自足，当然就更不能为亳人提供饭食了。于是，商汤又派商朝边境的人去葛地送些酒饭，给帮助耕种的亳人吃，送酒饭的人都是一些老人和孩子。葛伯每次派人在葛地等候送酒饭的人来后，就把酒饭抢走，还威胁说不给就要被杀死。

　　商汤见葛伯死心踏地地要与商为敌，不能用帮助的办法来争取了，就率兵讨伐葛，把葛伯杀掉了。由于葛伯不仁，葛国人民早就怨恨他了。见汤杀了葛伯，百姓就表示愿意归顺商。汤将葛的土地、人民、财物等全部占有，组织葛的人民从事农耕，积极发展生产。

　　商汤灭葛的行动，在诸侯中不但没有人反对，反而都指责葛伯的不仁，被杀是他咎由自取。有的诸侯、方国的人民怨恨夏桀的暴虐，还盼望着商汤赶快前去征伐，愿意从夏王朝统治下解脱出来，归顺商汤。还有一些诸侯、方国就自愿归顺汤。

　　商汤对归顺的诸侯、方国都分别授予玉珠作为冕冠的玉串和玉圭。显然，这是居于一个诸侯盟主的地位，在行使国王的权力。这样，商汤从讨伐葛国开始，逐步翦除了夏朝的羽翼，削弱了夏桀的势力。

　　在夏王朝的诸侯、方国中，自从夏桀灭掉有缗氏以后，虽然叛离者不少，但拥护夏王朝的也还有不少，忠实于夏桀的也不是没有。在东部地区，就有三个属国是忠于夏桀的：一个是彭姓的韦，一个是己姓的顾，一个也是己姓的昆吾。他们不仅势力较大，所处的地区又与商较近。汤灭掉葛以后，又征服了一些不归顺商的诸侯、方国，所谓"十一征而天下无敌"。

　　但是，这三个方国却执意与商为敌，时刻监视着商汤的活动，还经常向夏桀报告。于是，汤和伊尹、仲虺决心除掉这三个夏桀的羽翼。

　　就在准备进征韦时，夏桀得知汤还在继续征伐诸侯，扩大势力，就派使臣到商朝，召商汤入朝。商汤没有拒绝，于是带领随从来到夏王都。夏桀得知商汤来了，就下令将汤囚禁在夏台。

　　伊尹和仲虺得知夏桀将汤囚禁起来以后，就搜集了许多珍宝、玩器和美女献给夏桀，请求夏桀释放汤。夏桀是个贪财好色之徒，看见商送来的许多珍宝、玩器和美女，非常高兴，就下令将汤释放回商。

汤回到商后，见叛夏归商的人愈来愈多，就和伊尹、仲虺商议征伐韦和顾国的事。

经过一番精心谋划和准备之后，汤和伊尹就率领助商各方的联合军队，先对韦进攻。

汤率大兵压境，韦连求援都来不及，很快就被商军灭亡了。

韦被灭后，顾国势单，汤接着又挥师东进，乘胜也将顾国灭了。韦、顾两国的土地、财产、人民尽归商所有。

地处韦、顾两国北邻的昆吾国，相传是祝融的后代封在昆吾所建的一个方国。在夏王朝的属国中，它算得上是一个较大的方国了，国君被称为"夏伯"。

夏伯见韦、顾两国被汤所灭，立即整顿昆吾之军准备与商相战。同时，又派使臣昼夜兼程赴夏王都，向夏桀报告商汤灭韦、顾两国的情况。

夏桀闻讯后，非常恼怒，下令起"九夷之师"，准备征商。汤本来是想率军灭掉昆吾的，然后再征东夷，进而灭夏桀。伊尹阻止了汤，并说："东夷之民还服从桀的调遣，听夏的号令，此时去征伐不会取得胜利，灭夏时机尚未成熟，不如遣使向桀入贡请罪，臣服供职，以待机而动。"

于是，商汤采纳了伊尹的计谋，暂时收兵。备办了入贡方物，写了请罪称臣的奏章，派使臣带到夏王都，在倾宫中朝见了夏桀。

夏桀见了贡物和请罪奏章以后，就与身边的谀臣们商议。谀臣们都向桀祝贺说："大王威震天下，谁也不敢反叛，连商侯也知罪认罪，可以不出兵征伐，安享太平。"

就这样，夏桀下令罢兵，仍然整天饮酒作乐。

夏桀不征伐商，可是一年之后，昆吾的夏伯自恃其能，率军向商进攻。伊尹见昆吾死心踏地效忠夏桀，一心与商为敌，就请汤率军迎战昆吾。一战而大败昆吾军，再战而杀夏伯灭昆吾，并昆吾土地、人民入商。伊尹又出谋说："今年本应向桀入贡，且先不入贡以观桀的动静。"汤用其谋不再向夏桀入贡。

当夏桀得知商汤又灭了昆吾，而不再入贡后，又下令"起九夷之师"。

但是，由于夏桀反复无常，昆吾又是助桀为虐，与商为敌，东夷的首领们也看出夏桀不会长久，就不听夏桀的调遣。伊尹看见九夷之师不起，灭夏的时机成熟了，就请商汤率军征桀。

汤和仲虺、伊尹率领由70辆战车和5000步卒组成的军队西进伐夏桀。夏桀调集了夏王朝的军队，开出王都。夏商两军在鸣条之野相遇，展开了大会战。

会战开始之前，汤为了鼓舞士气，召集了参加会战的商军和前来助商伐夏的诸侯、方国的军队，宣读了一篇伐夏的誓词，汤说：

"你们大家听我说，并不是我敢于随便以臣伐君，犯上作乱，乃是由于夏王桀有许多罪恶，上帝命我去诛伐他。你们大家都知道桀的罪在于他不顾我们稼穑之事，侵夺人民农事生产的成果，伤害了夏朝传统的政事。正如我听见大家所说的，桀之罪还不仅是和他的一些奸谀臣子侵夺人民的农事生产成果。为了淫逸享乐，他们还聚敛诸侯的财物，供他们挥霍，害得夏朝的人都不得安居。大家都一致地不与桀一条心，还指着太阳来咒骂他，何日灭亡，大家都愿同他一起亡。这已经是天怒人怨。桀的罪如此之多，上帝命我征伐，我怕上帝惩罚我，不敢不率领大家征伐他，大家辅助我征伐。如果上帝要惩罚，由我一人去领受，而我将给大家很大的赏赐。你们不要不相信我的话，我决不食言。如果你们有不听我誓言的，我就要杀戮不赦，希望你们不要受罚。"

商军经过商汤的动员以后，士气大振，都表示愿意与夏军决一死战。而夏军却士气低落，人有怨心。两军交战那一天，正赶上大雷雨天气，商军不避雷雨，勇敢奋战，夏军败退不止。

夏桀见兵败不可收拾，就带领500名残兵向东逃到了三朡。三朡是夏王朝的一个方国，三朡伯见夏桀兵败逃来，立即陈兵布阵以保夏桀，并扬言要与汤决一死战。

汤和伊尹见夏桀投奔三朡，便继续挥师东进。商军和三朡军在成耳交战，结果商军打败三朡军，还杀了三朡伯，夺取了三朡伯的宝玉和财产。

夏桀见三朡又被商汤所灭，便又带着残部向南逃走。汤和伊尹率军紧追不放。夏桀逃到了南巢，商军追至南巢；夏桀又想从南巢逃跑，但是刚走到城门口，就被商军捉住了。

夏桀被监禁在南巢后非常气愤，对看管他的人说："我很后悔，没有将汤在夏台杀掉，才落得如此下场。"

商朝建立后的第三年，夏桀就病死在亭山。

汤和伊尹为了彻底消灭夏王朝的残余势力，又率军西进。因为韦、顾、昆吾和三朡这样一些较有势力而又忠于夏的方国都被商汤所灭，商军在西进的路上就未遇到大的抵抗，很快占领了夏都斟。夏朝的亲贵大臣们都表示愿意臣服于汤。

汤和伊尹安抚了夏朝的臣民后，就在斟举行了祭天的仪式，向夏朝的臣民们表示，他们是按照上天的意志来诛伐有罪的桀的，夏后氏的"历数"已终，这就正式地宣告了夏王朝的灭亡。我国历史上的第一个奴隶制的王朝至此宣告结束。

这一年大约是在公元前1750年至公元前1700年之间。商代后人歌颂他们开国之君商汤的功绩时说："韦顾既伐，昆吾夏桀。"（《诗经·商颂·长发》）就是说，汤是先征伐韦、顾两国，然后才灭昆吾和夏桀。

汤和伊尹在夏王都告祭天地以后，便率军回到亳。这时候，商的声威已经远播四方，各地的诸侯、方伯以及大大小小的氏族、部落的酋长们部都纷纷携带方物、贡品到亳来朝贺，表示臣服于汤。就连远居西方地区的氐人和羌人部落也都前来朝见。数月之间，就有"三千诸侯"大会于亳。

400多年前夏禹建国时，在涂山大会诸侯时，"执玉帛者万国"。经过400

多年的发展，这些上万的"诸侯"由于兼并、融合，到汤建国时，只有"三千诸侯"。但是，这时商汤统治的地域却远比夏禹时要大得多。

汤对前来朝贺的诸侯都以礼相待，自己也只居于诸侯之位，表示谦逊。"于是诸侯毕服，汤乃践天子位"。也就是在"三千诸侯"的拥护下，汤做了天子，告祭于天，宣告了商王朝的建立。我国历史上第二个奴隶制王朝，也就是在汤灭掉了夏桀之后，建立起来的。

◎故事感悟

"夏桀无道，商汤伐之"，从故事中我们不难看出商汤开创大商基业的艰辛。正是凭着这种排除万难、为民造福的精神，才使我们中华文明的历史向前跨越了一大步！

◎史海撷英

鸣条之战

大约在公元前1600年，商汤兴兵讨伐夏朝。战前，商汤举行了隆重的誓师仪式，《尚书·序》中记载：汤"与桀战于鸣条之野，作汤誓"。

誓师后，商汤选出良车70乘，"必死之士"5000人，并联合各方国军队，采取战略大迂回，绕道夏朝都城以西突袭夏都。夏桀仓促应战，西出拒汤，同商汤军在鸣条展开了决战。

决战中，商汤的军队奋勇作战，一举击败了夏桀的主力部队。夏桀败退后，归依于属国三朡（今山东省定陶县东一带）。商汤乘胜攻灭了三朡，夏桀又率少数残部逃往南巢（今安徽省巢湖市），不久后便病死了。

商汤回师西亳（今河南省偃师市西）后，召开了众多诸侯参加的"景亳之命"大会，得到3000多名诸侯的拥护，取得了天下之主地位，夏朝正式宣告灭亡。

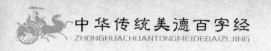

九 夷

　　九夷是指古代称东方的九种民族，也指其所居之地。《论语·子罕》中记载："子欲居九夷。"何晏集解引马融曰："东方之夷有九种。"

　　《后汉书·东夷传》中说："夷有九种。曰：'畎夷、于夷、方夷、黄夷、白夷、赤夷、玄夷、风夷、阳夷。'"明朝袁衮的《远游赋》也称："昔孔圣之周流兮，居九夷而弗陋。"

　　还有一说指玄菟、乐浪、高骊、满饰、凫更、索家、东屠、倭人、天鄙。见《尔雅·释地》"九夷"疏。

姬昌开创周王朝

◎欲为天下第一等人，当做天下第一等事。——胡居仁

> 周文王姬昌（公元前1152—前1056），即商殷西伯侯，季历之子。昌之生母为挚任氏之中女太任，有贤名。《史记·周本纪》记载："公季（历）卒，子昌立，是为西伯。"西伯死后谥为文王。文王能"遵后稷、公刘之业，则古公（亶父）、公季之法，笃仁、敬老、慈少，礼下贤者，日中不暇食以待士，士以此多归之"。西伯能遵从先人之法，继承祖先的业绩，礼贤下士，日益强盛。殷纣王恐其不利于己，将其囚于羑里。闳夭以有莘氏美女及奇物宝马献给殷纣，纣"乃赦西伯，赐之弓矢斧钺，使西伯得征伐"。以后西伯昌先后征伐犬戎、密须、耆国、崇国等国，并自岐迁都于酆（今作丰，今陕西西安市户县），为讨伐商纣作积极准备。他死后，太子发继位，是为周武王。武王完成了文王讨伐商纣的遗愿。

　　姬昌是我国商末时期西方诸侯长季历的儿子。商纣时期，为西伯，建国于岐山之下。他积善行仁，政化大行，仿效祖父古公亶父和父亲季历制定法度，实行仁政，敬老爱幼，礼贤下士，把岐山下的周族根据地治理得很好。

　　在治理岐山期间，姬昌对内奉行德治，提倡"怀保小民"，大力发展农业生产，采用"九一而助"的政策，也就是划分田地，让农民助耕公田，纳九分之一的税。而且，商人往来做生意都不收关税，有人犯罪妻子不连坐，等等；实行裕民政策，征收租税有节制，从而令农民有所积蓄，以刺激劳动的积极性。对外，姬昌积极招贤纳士，许多外部落的人才及从商纣王朝来投奔的贤士，他都以礼相待，予以任用，如伯夷、叔齐、太颠、闳夭、散宜生、

鬻熊、辛甲等人，都先后归附姬昌部下称臣。

姬昌自己的生活也十分勤俭，穿普通人的衣服，吃粗茶淡饭，还亲自到田间与老百姓一起劳动，兢兢业业地治理自己的国家。岐周在姬昌的治理下，国力日益强大起来。

西周国力的日益增强壮大，让商纣王朝开始感到不安。商纣王的亲信谗臣崇侯虎暗中向纣王进言说，西伯侯到处行善，树立自己的威信，诸侯都向往他，恐怕不利于商王。于是，纣王就把姬昌拘于羑里（今河南汤阴县）。

姬昌在被囚禁过程中，精心致力"演易之六十四卦，各为象"。周臣闳夭等人为了营救姬昌出狱，便搜求美女、宝马、珠玉等献给纣王。纣王见了大喜："仅此一物（指美女）就足够了，何况宝物如此之多！"于是下令赦免姬昌出狱，还赏给他弓、矢、斧、钺等，并且授权他讨伐不听命的诸侯。这就是史书中说的周文王"羑里之厄"。

姬昌出狱后，下定决心灭掉商朝。于是，他一面向纣王进献土地，请求免除酷刑，取得信任；一面又访贤任能，壮大国力。

有一次，姬昌在到渭水河边打猎，巧遇年已垂老、怀才不遇的姜尚在水边钓鱼。姬昌与姜尚谈话，相互谈得很投机，同时姬昌还了解到姜尚确有真才，便让姜尚与他同车而归，立以为师，共同筹划灭商策略。

据《尚书大传》中记载，姬昌在位的最后七年中，做了六件大事。

第一年，他调解了虞芮两国的纠纷。据《诗经·大雅·绵》篇注说：虞芮两国看到周国是"耕者让其畔，行者让路"，"男女异路，斑白不提携"，"士让为大夫，大夫让为卿"，一派君子之风。两相对比，内心感到十分羞愧，回国之后虞芮两国都主动将所争之地做了闲田处理，纠纷从此解决。

第二年，姬昌出兵讨伐犬戎，战败西戎诸夷，灭了几个小国。

第三年，姬昌攻打密须（在今甘肃灵台县），解除了北边和西边后顾之忧。

第四年，"西伯戡黎（在今山西黎城县）"。

第五年，姬昌率兵伐邘（在今河南沁阳县）。戡黎、伐邘实际上构成了对商都朝歌的直接威胁。

第六年，姬昌灭掉了崇国（在今陕西户县境），将周的都城由岐山周原东迁渭水平原，建立丰京（在今陕西长安县沣河西岸）。《诗经·大雅》中载："既伐于崇、作邑于丰。"

接着，姬昌又向南扩展自己的势力，一直扩展到长江、汉江、汝水流域，形成了"三分天下有其二"的形势。而此时的殷商已经处于极端孤立的境地了。

然而，就在这大功垂成之际，姬昌不幸死去。《尚书·无逸》和《吕氏春秋·制乐》都说他享国50年，称王前立国43年。死后葬于毕（指陕西长安县与咸阳之间渭水南北岸，境域较广）。

周文王在中国历史上是一位名君圣人，被后世历代所称颂敬仰，《诗经·大雅》中有颂诗。

◎故事感悟

文王拘而演《周易》；仲尼厄而作《春秋》；屈原放逐，乃赋《离骚》；左丘失明，厥有《国语》……大抵贤圣发愤之所作也。《报任安书》中这几句话充分展示周文王的贤才，他在极困难的情况下，艰苦创业，为开创周朝基业作出了不可磨灭的贡献，其美名传于后世，令人敬仰！

◎史海撷英

周朝的政治制度

周朝政治制度的特点是分封制。周朝在灭掉商朝后，国王便大搞分封，将王族与功臣分封到国家的各个地方，建立起众多的诸侯国。随后，通过宗法制和分封制，又建立起了一个以周"天子"为中心，各个诸侯国围绕的奴隶制王朝，同时还建立起一套无孔不入的礼乐制度，形成一个秩序井然的奴隶制国家。

西周的官制比较繁杂，在周王左右，辅佐的有太师、太傅、太保，合称为三公。三公之下还有三事官（政务官、事务官和地方官）、四方（诸侯和方国、部族）和卿事寮等。

周王朝官员为总揽朝政的太宰、掌祭祠礼仪的太宗、掌历法记事的太史、掌祈祷的太祝、掌神事的太工、掌占卜的太卜，合称六卿。六卿的僚属总称为卿事寮。

周王朝还有掌管土地和农人的司徒、掌管百工职事的司空、掌管军赋军政的司马、掌管版籍爵禄的司士和掌管刑罚的司寇，合称五官。

为王室服务的内廷事务官有三公之佐的三少（少师、少傅、少保），有道、辅、弼、承的四辅，还有膳夫、缀衣、小臣、寺人、内竖、阍者、门尹、司王宥、火师、水师、大酋、太仆、御、右、萃车、趣马、师氏、虎贲、舆人、医、艺人、隶人、太子官尹等。

在王畿外服的封国，被称为四方，包括侯、甸、男等诸侯。有时，周王朝还派使臣到各个诸侯国任监国。诸侯在自己的封国内，也仿照王室设置百官有司，成为相对独立的政权，主要有三事官，即司徒、司马、司空，分掌政务、司法和民事。

周朝的各级主要官吏，都是在宗法制度基础上世袭，而且文武不分，平时治民，战时就是各级将领。周朝的地方制度包括国、都、邑、野、鄙。周王和诸侯的都城为国，诸侯国中的大城为都、小城为邑，此外的地方称为野或鄙。

◎文苑拾萃

姜　里

姜里为古地名，也称羑里，位于今河南省安阳市汤阴县北。

姜里城是一处龙山至商周时期的文化遗址，也是我国遗存下来的历史最悠久的国家监狱遗址，是"西伯（即周文王）拘姜里而演周易"的地方。

周文王名姬昌，是商末时期周族的领袖。他广施仁政，引起了殷纣的猜忌，于是被纣囚于羑里。姬昌被囚七年，将伏羲八卦推演为六十四卦，著成《周易》一书，于是羑里便成为《周易》（世称中华文化之源）的发祥地。

后人为了纪念姬昌这位伟人，在城址上修建了文王庙，从而成为人们朝敬先贤周文王的圣地。《史记·殷本纪》中记载："纣囚西伯（即周文王）羑里。"

羑里城以其博大精深的文化内涵而名扬海内外。1996 年被国务院公布为国家重点文物保护单位。

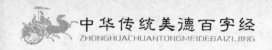

鬻熊开创楚国霸业

◎筚路蓝缕，以启山林。——《左传》

> 熊绎（公元前1042—前1006），分封楚国时的芈部落首领。周文王姬昌的老师鬻熊的后裔。芈楚部落从夏启时代就被派到荆楚之地从事开辟土地的活动。自商汤灭桀后，就失去与中原的联系，逐渐与荆楚当地居民一起开创了独特的楚文化。到商纣时，辟商于之地，都郢（楚国国都都是这个名字）。在当时的华夏集团地位不高，不被中原统治者重视。

上古时期，楚族由于受中原一些部族的歧视，逐渐向南方转移。到了商代中期，他们聚居到我国南方的湖北荆山一带，成为殷商王朝的方国。

但是，他们仍然受到中原人的歧视，商王朝还经常向它进攻掠夺。尤其是商朝末年，商纣王骄奢淫逸，宠信妖姬佞臣，杀害忠良，对各诸侯、方国横征暴敛，导致朝纲不振、民不聊生、天怒人怨。居于西岐山的西伯姬昌积极访聘高贤，招纳勇士，准备讨伐纣王，拯救苍生。各路诸侯闻讯纷纷归附姬昌。

当时，楚国的国君为鬻熊。他自幼习文练武，文韬武略，年届九十仍然雄心勃勃。姬昌特地到荆山拜访他。鬻熊见到姬昌，喜出望外地说："久仰大名，老朽正欲投奔，同济苍生，不料明主谦恭下士，来到敝国，幸甚，幸甚！"

姬昌见鬻熊皓首银须，便惋惜地说："老人家虽然有雄心壮志，可惜已风烛残年，能光耀几时？"

鬻熊听后很自信地说："我虽然年迈，夺关斩将力所不及，但运筹帷幄、决胜千里尚不老啊！"

姬昌见他讲得很有理，而又归附心切，便问："那么，你何以辅我立千秋之功，建万世之业？"

鬻熊答道："今纣王施暴政，天下大乱，诸侯们为了偏安一隅，掳民夫充军伍，刮民财济粮饷，民众苦不堪言。我辅贤王招贤纳士，集诸侯于麾下，以法绳约束之；施仁播德，天下归心；吊民伐纣，建千秋之基业。然后，修文息武，教代万民，振兴百业，便可国泰民安，四海升平。"

文王姬昌听完，大吃一惊，惶然拱手谢罪说："老人家果然胸怀雄才大略，请登车同往西岐共谋大事。"

鬻熊与文王一起到西岐后，便被用为谋臣，尊为师长。后来，他为文王灭掉商纣王立了许多功劳，成为周王朝的开国功臣，也大大提高了楚国的声誉。

周成王时期，周王室为了赏赐开国功臣的后代而分封诸侯。当时，分封的诸侯为公、侯、伯、子、男五等爵号，鬻熊的曾孙熊绎被封为第四等爵号，称为楚子，居住在荆山一带，国都设在丹阳（今湖北秭归县东南）。

周成王分封诸侯以后，就在岐阳（今陕西岐山县东北）盟会诸侯。楚子熊绎听说后，非常高兴，因为这是楚国有史以来首次以诸侯的身份出席朝廷召开的盟会。于是，熊绎兴致勃勃地按期赴会。

举行盟会仪式之前，诸侯们都散坐在会场的四旁。熊绎见会场布置得整肃庄严、祭品丰盛、热闹非常，心中十分得意。

过了一会儿，一位大臣逐一请各诸侯入席，各诸侯都依次就座完毕。可是，熊绎不见点到自己，心中便着急起来。

正在这时，另一个大臣拢来，对熊绎说："请速同东夷鲜牟国君到会场上安放菁草（滤洒祭神用的香草）、木牌（用以标明天子和诸侯席次），然后再去看守大庭前的火炬。"

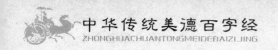

熊绎一听，以为是大臣找错了人，连忙自我介绍说："我是楚国诸侯啊！应该……"

大臣没等他讲完，就笑着说："哈哈，我知道你是楚子，今日侯伯以上方可入席，你一个小小的楚子，又是蛮夷之族，何以入席？这是天子的命令，不得违抗，赶快去吧！"

熊绎一听，非常生气，但在这种场合下，又不敢发作，只好忍气吞声地服从。

楚国一班文武算定了熊绎的归期后，一面组织十里长队迎接熊绎，一面准备丰盛的猪羊酒礼，为熊绎接风，打算庆贺一番，以扬国威。可是，熊绎回来后却垂头丧气。众人不知原因，都你一言我一语地询问赴会的情况，熊绎总是一言不发。

过了半晌，熊绎才长叹一声，然后向文武大臣们讲述了周王室欺他国小位卑、不给席位的情况。众人听完，都感到很气愤。

熊绎见此情景，便沉着而又郑重地说："众文武息怒，听我一言。今受中原欺凌，是因为楚国财富贫乏，兵微将寡。眼下如果与中原对戈，简直就是自取灭亡。要想求得生存，不受欺侮，就必须同心创业，奋发图强。"

熊绎的一席话，说得众人连连称是。于是，熊绎带领楚人在自然条件很差的荆山垦地。《左传》中说他们是"筚路蓝缕，以启山林"。

筚，是荆、竹、树枝之类；路，同"辂"，就是大车。筚路就是是用荆竹树枝编制成的大车，或者叫做柴车；蓝缕，即"褴褛"，破烂的衣服；启，就是开。意思是就地取材地制成车子，穿着破衣服，去开发荒山野林，艰苦创业。

经过50多年的艰苦奋斗，楚国的疆土不断扩大，财富也日益增多，军事力量不断增强，竟成了江汉一带的霸主。周王朝不把楚国当成诸侯，楚国对周王朝也不很尊重了，甚至在某种行动上还故意有所冒犯。

周王朝对这样的诸侯国当然不能容忍。有一天，一位大臣对周天子（昭王）说："如今楚国不仅自己不派人来进贡，还不让南方的其他部族来进贡。

这种目无天子的行为如果还不惩罚，以后天下人眼中还有我们周王朝吗？"

昭王一听，觉得大臣说得有理，就亲率大军讨伐楚国。

当周王朝大军过了汉水，踏上楚国的疆土时，只见到处都是深山老林，根本看不到楚军，但却经常受到从树林中钻出来的小股楚军的袭击。另外，一些毒蛇猛兽也经常侵扰他们，特别是性情凶野的犀牛群到处乱窜，常常把周军撞得人仰马翻。庞大的军队在这深山密林中无法施展，昭王只好带着大军回去了。

又过了三年，昭王又一次亲自率军南征。这一次，他只带了一支久经沙场、个个骁勇善战的御林军——守卫镐京的"西六师"。他们一过汉水，仍然看不到一个楚军，以为与上次南征时的情况一样，楚国没有大军抵挡。

正在这时，猛听得一阵雷鸣般的鼓声，前后左右涌来无数的楚人；周军瞬时被楚军打得大败而逃。

周昭王不甘心失败，又亲自率领"西六师"第三次渡过汉水进攻楚国，结果又被楚军团团围住。大将祭公和辛余靡见势不妙，急忙保着昭王杀开一条血路逃跑了。

当他们逃到汉江边时，忽然发现岸上有几条新船，便慌慌张张地推船下水渡江。谁知船刚到江心，就一下子散成了无数块木板。

原来，楚人早已料定昭王兵败后，必定会从这里渡江，于是就预先用树胶把木板粘起来绑成船放在岸上。这树胶粘的木板船到了江心，树胶融化，船就开裂散架了。

最精锐的王家"西六师"这样被消灭了，周天子落江而死。周王朝的大臣们不敢为天子举行葬礼，怕这件不体面的事张扬出去，只好悄悄地把昭王埋了。

◎故事感悟

"筚路蓝缕以启山林"，正是周朝强大的实力和轻蔑给了楚国人民奋发图强的动力，他们艰苦创业，最后成为春秋时期最著名的霸主之一。

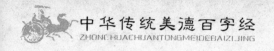

◎史海撷英

楚国的渊源

楚国古代又被称为荆、荆楚，是我国历史上春秋战国时期的一个诸侯国。

楚国的祖先族姓为芈，熊氏，最早兴起于古荆州之地的楚部落，被灭于秦国。其辖地大约为现在的湖北、湖南全部、重庆、河南、安徽、江苏、江西等部分地方。

楚的先祖出自帝颛顼高阳氏。高阳是黄帝的孙子，昌意的儿子。颛顼帝后第五代吴回，是帝高辛氏的火正（火官），主管天火与地火，可以光融天下。帝喾命其为祝融。其部落主要分布在商都朝歌的南方（今河南新郑一带）。吴回之子陆终，生有六子，幼子名叫季连，芈姓，是楚国的先祖。季连之后曰鬻熊，是周文王的老师，其曾孙为熊绎，周成王时期被封为楚子（意为楚地的子爵）。

◎文苑拾萃

楚国的图腾

在我国古代传说中，凤被视为神鸟，也是鸟中之王。雄的叫"凤"，雌的称"凰"。《说文》中记载："凤，神鸟也。天老曰：凤之象也，鸿前、鳞后、蛇颈、鱼尾、鹳颡、鸳思、龙文、鱼背、燕颔、鸡喙，五色备举。"战国时期楚人鹖冠子的《鹖冠子》中也说："凤，鹑火之禽，太阳之精也。"描绘出了"凤"的基本特征：鸟类、高大、五彩金、能歌善舞、吉祥安宁，因而被奉为楚国氏族的图腾。

秦始皇灭六国统一天下

◎天之所死，犹将生之；天之所愚，犹将哲之；天之所无，犹将有之；天之所乱，犹将治之。——王夫之

　　秦始皇（公元前259—前210），中国历史上第一个大一统王朝——秦王朝的开国皇帝。嬴姓，赵氏，名政，秦庄襄王之子。汉族（原称华夏族），出生于赵国首都邯郸（今河北省邯郸市）。公元前247年，秦王政13岁时即王位。因年幼，朝政由太后和相国吕不韦及嫪毐掌管。公元前238年（秦王政九年），秦始皇22岁时，在故都雍城举行了国君成人加冕仪式，开始"亲理朝政"，除掉吕不韦、嫪毐等人，重用李斯、尉缭。自公元前230年至前221年，先后灭韩、赵、魏、楚、燕、齐六国，39岁时完成了统一中国大业，建立起一个以汉族为主体、多民族统一的中央集权的强大国家——秦朝。定都咸阳。秦始皇是中国历史上第一个使用"皇帝"称号的君主，对中国和世界的历史均产生了深远而重大的影响，被明代思想家李贽誉为"千古一帝"。

　　秦王政八年，即公元前239年，秦始皇嬴政年满21岁。依照秦国的旧制，嬴政第二年就要举行加冠礼，然后就可以亲政了。

　　然而，吕不韦和嫪毐却在此时向嬴政示威：吕不韦公开拿出《吕氏春秋》，嫪毐则依仗赵太后的势力，私自分土封侯。在这些挑衅面前，嬴政不动声色，而是按照原计划举行了加冠礼。

　　可是，嫪毐却等不及了，他想乘机叛乱，杀掉嬴政。结果被早有防备的嬴政平息，并且还捉住了嫪毐，最后处嫪毐以车裂酷刑，诛灭三族。他的同党被诛杀的也有20多人，牵连的多达4000多家。赵太后与嫪毐生的两个私生子也被毒杀，赵太后则被软禁起来。经过群臣的劝说，秦始皇才亲自把母亲

赵太后接回咸阳。

除掉嫪毐的第二年，秦始皇又免掉了吕不韦的相国职位，将他赶出咸阳，让他到自己的封地洛阳。两年后，秦始皇为了避免吕不韦与其他国家串通作乱，便派人给吕不韦送了一封绝命书。信中秦始皇对吕不韦大加斥责："你对秦国有什么功劳，却能封土洛阳，食邑十万？你和秦国又有什么亲缘，却得到仲父的称号？你快给我滚到西蜀去吧！"

吕不韦知道，自己就是去了西蜀，也是最后难免一死，干脆服毒自杀了。

秦王嬴政把对自己政权有威胁的国内敌人——清除后，便开始对东方六国采取军事行动。他继承了祖辈的基业，而且发扬光大，手下有一批很有才干的文臣武将全力辅佐他。文臣如谋士李斯和尉缭，善于间谍活动的姚贾和顿弱；武将则有蒙恬、蒙武、王翦和王贲等人。秦王继续用"远交近攻"的战略方针，前后用了十年的时间，终于灭掉周围的六国，统一了中国。

最先灭掉的是韩国。秦王政十四年，即公元前233年，韩国向秦国割地称臣，但也没能挽救败亡的命运。三年后，秦国俘虏韩王灭掉了韩国。

然后，秦国又攻打赵国，俘虏赵王，公子嘉逃到代郡（今河北蔚县），称代王。到秦王政二十五年，代王也被俘，赵最后灭亡。

秦王政二十年，王翦领兵攻燕。在易水的西面，秦兵打败了燕、代联军，攻占了燕国的都城蓟城（今北京），燕王向辽东方向出逃。后来，燕王只得杀死了曾经派荆轲刺杀秦王的太子丹，把他的头献给秦军求和。然而到了秦王政二十五年，燕国最后一个王——喜被俘获，燕国也被灭了。同时，魏国也被秦军灭掉。

秦王政二十三年，攻打楚国的秦军因为兵力太少，被楚军打败。不久后，秦王又派老将王翦出征，并听从他的建议，给了他60万的重兵。结果，王翦用了三年的时间，终于拿下了楚国。

最后灭掉的是齐国。在秦国先后对其他五国用兵的时候，齐国不但袖手旁观，而且还和秦国结盟，根本没有意识到自己的前途将会与其他五个国家一样。因此，齐国没有作任何战争准备。秦王政二十六年，五国都被秦国灭掉后，齐国这才派兵准备抵御秦国，并和秦国断交。可惜为时已晚，秦国大将王贲最终灭掉燕国后，便领兵大举南下，一战俘获齐王。至此，秦灭六国，统一了中国。

◎故事感悟

　　秦国一统天下，结束了诸侯争霸的历史。始皇帝奋发图强，开创大秦王朝，对推动中华民族的文明进步有着不可磨灭的贡献。

◎史海撷英

秦夺九鼎

　　相传，九鼎是由九州上贡的铜所打造，由夏朝大禹所铸，象征着天下九州，因而也一直受到国家的保护。夏朝、商朝和周朝时期，九鼎被奉为国宝，拥有九鼎者就可以成为天子。

　　公元前256年（秦昭襄王五十年，周赧王五十九年），秦国的军队攻伐赵国邯郸后，继续向韩、赵发动攻势。这时，东方的各国也联合起来抵抗秦国。在韩、赵等国的影响与胁迫下，西周公也卷入这次活动当中。于是，联军就打着周王的旗号，合纵抗秦。

　　秦昭襄王闻讯大怒。秦国本来早就想消灭周王室，尽快扫除统一天下的一个障碍了。西周现在参与反秦活动，正好让秦国出兵灭周有了机会。

　　于是在公元前256年（周赧王五十九年，秦昭王五十年），秦国开始出兵攻打西周。周赧王听信西周公之言，以西周三十六城、三万户向秦王投降。秦昭王便将周赧王贬爵为君，西周公为家臣，封于梁城（今陕西省韩城县南）。

　　周赧王到梁城一个月后就死了，国家也至此灭亡，留下了九只鼎在咸阳（途中一鼎落于泗水，所以秦国只得到八鼎，但习惯上仍称九鼎）。自次年起（昭王五十二年，公元前255年），史家便以秦王纪年。公元前255年，九鼎迁往秦国，意味着秦王将为天下共主，可以名正言顺地讨伐各个诸侯国了。

◎文苑拾萃

烽火台

烽火台是我国古代万里长城防御工程中最为重要的组成部分之一，其主要作用是作为传递军情的设施。

烽火台这种传递信息的工具在很早以前就已经出现了。刚开始修筑长城时，人们就很好地利用了烽火台的作用，使之成了古代传递军情的一种最好方法。

利用烽火台传递信息的方法是白天燃烟，夜间举火。因为白天阳光强烈，火光不易被远处的人看到，而夜间火光在很远处就能看见。这也成为古代一种科学、迅速的传递信息的方法。

为了报告来犯敌兵的多少，在利用烽火台传递消息时，还采用以燃烟、举火数目多少来加以区别的方法。到了明朝时期，在燃烟、举火数目的同时，还加放炮声，以增强报警的效果，使军情顷刻之间就能传递千里。

烽火台的布局也很重要，关键是要把它布置在高山险处或是峰回路转的地方，而且必须是三个台都能相互望见，以便传递信息。

除了传递军情之外，烽火台还可以保护来往的使节安全，为他们提供食宿、供应马匹粮秣等。还有一些地段的长城只设烽台、亭燧而不筑墙的，可见烽火台在长城防御体系中的重要作用。

秦始皇

宋 · 王安石

天方猎中原，狐兔在所憎。

伤哉六孱王，当此鸷鸟膺。

搏取已扫地，翰飞尚凭凌。

游将跨蓬莱，以海为丘陵。

勒石颂功德，群臣助骄矜。

举世不读易，但以刑名称。

虿虿彼少子，何用辨坚冰。

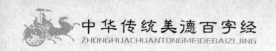

刘邦创业立大汉

◎鸿鹄高飞，一举千里。羽翼已就，横绝四海。——刘邦

> 汉高祖刘邦（公元前256—前195），字季（一说原名季）。沛郡丰邑中阳里（今江苏丰县）人，汉族。秦朝时曾担任泗水亭长，起兵于沛（今江苏沛县）。后成为汉朝（西汉）开国皇帝，庙号为太祖（但自司马迁时就称其为高祖，后世多习用之），谥号高皇帝，所以史称太祖高皇帝、汉高祖或汉高帝。出身平民阶级。成为皇帝之前又称沛公、汉中王。他对汉民族的统一、中国的统一强大，汉文化的保护发扬有决定性的贡献。

汉高祖刘邦出身农家。他为人豁达大度，曾在咸阳（今陕西咸阳东北）服过徭役，秦朝末年还曾做过沛县泗水的亭长，奉命送本县的刑徒前往骊山（今临潼东南）。由于途中有不少刑徒逃亡，刘邦索性就把这些刑徒都释放了，然后自己也逃跑了，藏匿于芒砀山泽间（今河南永城东北）。

秦二世元年（公元前209）七月，陈胜吴广起义反秦。是年九月，因受到萧何、曹参等人拥戴，刘邦也在沛县聚众反秦，自称沛公，聚兵3000人。

第二年四月，刘邦投奔项梁，屡次与项羽协同作战。项梁死后，刘邦被封为武安侯、砀郡长。九月，他曾奉令收集陈胜、项梁的散卒西向攻秦。出发时仅有数千人；而转战半年之后，他的兵力就过万了。

三年七月，刘邦率兵攻克宛城（今南阳）。自此，他便攻抚兼施，顺利地挺进到灞上（今西安东南）。

汉王元年（公元前206）十月，刘邦进入咸阳，灭掉秦国。当项羽率领起义军和秦军主力在巨鹿决战时，刘邦受楚怀王的派遣，带领所部向关中挺进。他迫降宛城，攻占武关，于公元前206年十月进抵霸上。秦王子婴投降，秦朝灭亡。

刘邦登上王位后，废除了秦朝苛刻的法律，并与关中父老约法三章："杀人者死，伤人及盗抵罪。"并分兵把关，欲为关中王，因此受到人民的欢迎。

项羽击溃秦军主力后，也引兵入关。当听说刘邦已平定关中，伐灭秦朝，项羽大怒，进驻鸿门，想要攻打刘邦。

十二月，刘邦见项羽率领40万大军入关，自己与项羽的实力相差悬殊，便委曲求全，听从张良的意见，亲自到鸿门（今临潼东北）谢过。项羽的谋士范增本来打算在宴会上刺杀刘邦，结果没有成功，让刘邦寻找机会逃走了。这就是历史上著名的"鸿门宴"。

此后，项羽便自封为西楚霸王，封刘邦为汉王，统治着巴蜀地及汉中一带。但是，当时的汉中地区田荒位偏，人稀物罕，项羽又不让刘邦离开，想以此困死刘邦。因为汉中地区并不是大军久居之地，汉军军心涣散。

见此情况，刘邦便与谋士张良商议，决定"明修栈道，暗渡陈仓"，返回中原。

当年八月，刘邦用计谋率兵攻取关中。二年三月，又进至洛阳（今河南洛阳东），声讨项羽杀害楚怀王之罪，正式发动楚汉战争。四月，大败项羽于彭城（今江苏徐州）。其后，又亲率主力扼守战略要地荥阳（今河南荥阳东北）、成皋（今荥阳西北），与项羽抗争两年多，最终迫使项羽订下鸿沟之盟。后来，刘邦又依照张良提出的"敌疲我打"战略方针，五年十二月，围歼楚军于垓下（今河南鹿邑东，一说安徽灵璧东南），逼得项羽自杀，统一了天下。二月，刘邦在定陶（今山东定陶西北）氾水北即皇帝位，建立汉朝。

在统一中国建立汉朝之后，刘邦便转而以文治理天下，征用天下儒生，并诏令天下，广泛求贤。

在政治上，刘邦接承了秦朝的中央集权制和郡县制，同时废除秦朝的苛刻法令。刘邦攻入咸阳时，便废除了秦朝的苛法，从而深得民心。平定天下后，刘邦又命萧何参照秦朝的法律"取其宜于时者，作律九章"，即"汉律九章"。

此外，刘邦还重用叔孙通整理朝纲。叔孙通制定了一套适合当时形势需要的政治礼仪制度，并撰写了《汉仪十二篇》、《汉礼度》、《律令傍章十八篇》等仪法法令方面的专著，为汉朝的建立和巩固奠定了基础，也为后人留下了一笔宝贵的文化遗产。

在法律思想上，刘邦以儒家思想为主，以法家思想为辅，取消了秦朝的"严刑峻法"，废除了连坐法及夷三族，提出了"德主刑辅"，即以教化为主，刑罚为辅，从而达到宽柔相济、严弛有度的统治效果。

在经济上，刘邦豁免徭役，减轻人民的负担。比如，减轻田租，什五税一，"与民休息"；释放奴婢，凡民以饥饿自卖为奴婢者，皆免为庶人，解放生产力；"兵皆罢归家"，"以功劳行田宅"，让士兵复员回家，并给予土地及住宅，使他们都能够从事生产劳作，从而迅速恢复提高国民经济，鼓励生育，增加劳动力。

同时，刘邦还大力发展农业，抑制打击唯利是图的商人及残余的奴隶主阶级。刘邦还接受娄敬提出的"强干弱枝"的建议，把关东六国强宗大族和豪杰名家十余万口迁徙到关中定居。

在文化事业方面，刘邦建立了规模宏大的"国家图书馆"天禄阁、石渠阁等。"天下既定，命萧何次律令，韩信申军法，张苍定章程，叔孙通制礼仪，陆贾造《新语》。又与功臣剖符作誓，丹书铁契，金匮石室，藏之宗庙。虽日不暇给，规摹弘远矣"。

到高祖末年，汉朝的经济已经明显好转，天下新定，人民小安，未可复兴兵。刘邦也成为我国历史上少有的杰出政治家，真正统一中国的人。刘邦在汉朝初年制订的英明国政，不仅使饱受战乱的中国得以休养生息，更为以后的"文景之治"奠定了坚实基础。

◎故事感悟

　　汉高祖刘邦推翻了秦王朝的残暴统治，开创大汉王朝，统一了中华民族战乱纷争的局面。统一后刘邦采取宽松无为的政策，不仅安抚了人民、凝聚了国力，也促成了汉代雍容大度的文化基础。可以说刘邦使四分五裂的中国真正统一起来，并逐渐把分崩离析的民心凝集起来。他对汉民族的形成、中国的统一强大以及汉文化的保护发扬作出了决定性的贡献。

　　刘邦高瞻远瞩、深谋远虑，他的政治制度和对后世的安排使大汉延续了长达400余年。他的一套政治体制和经济制度为后世统治者沿用，刘邦开创的大汉帝国可以说是中国历史上最强盛的朝代，这种功绩令后世国人景仰与怀念，他本身也令我们怀念歌颂……

◎史海撷英

刘邦娶妻吕雉

　　刘邦的妻子是吕公的女儿吕氏，名叫吕雉。吕公曾因为与家乡的人结下冤仇，逃到小沛定居，因为沛县的县令与吕公是好友。

　　吕公刚到沛时，很多人都听说了他和县令的关系，于是人们都登门拜访。刘邦听说后，也赶去凑热闹。

　　当时，主持接待客人的是在小沛担任主簿的萧何。他宣布了一条规定：凡是贺礼不到一千钱的人，一律到堂下就座。

　　可是，刘邦来了后根本不管这些。虽然他一个钱也没带去，可却对负责传信的人说：“我出贺钱一万！”

　　吕公听说刘邦这么阔气，赶忙出来亲自迎接。一见刘邦器宇轩昂，与众不同，非常喜欢，请刘邦入上席就座。

　　这次，刘邦不但白吃了一顿饭，酒足饭饱之后，吕公又将他盛情留下，提出

将自己的女儿吕雉嫁给他为妻。

刘邦巴不得结成这门亲事，于是在征得父母同意之后，便和吕氏成了亲，这就是后来有名的吕后。汉惠帝刘盈就是吕雉与刘邦所生的儿子，还有一个孩子就是鲁元公主，后来嫁给了张敖。

◎文苑拾萃

大风歌

汉·刘 邦

大风起兮云飞扬，威加海内兮归故乡。

安得猛士兮守四方！

高祖与太宗开创大唐盛世

◎水能载舟，亦能覆舟。——李世民

> 唐太宗李世民（599—649），唐朝第二位皇帝，其名字的意思是"济世安民"。陇西成纪人，祖籍赵郡隆庆，政治家、军事家、书法家、诗人。即位后，积极听取群臣意见、努力学习文治天下，成功转型为中国历史上最出名的政治家与明君之一。唐太宗开创了历史上的"贞观之治"，经过主动消灭各地割据势力，虚心纳谏，厉行节约，使百姓休养生息，终于使得社会出现了国泰民安的局面，为后来开元盛世奠定了重要的基础，将中国传统农业社会推向鼎盛时期。

隋朝末年，隋炀帝杨广的残暴统治使得阶级矛盾十分尖锐。隋炀帝杨广即位后，大兴土木，建东都、修长城、开运河、筑驰道，弄得民不聊生。

隋炀帝好大喜功，即位后便巡游江南，北上榆林，以夸耀自己的武力；出兵边塞，侵略高丽，以显示自己的威风。由于百姓徭役深重，战争频繁，社会生产遭到严重的破坏，人民生活更是苦不堪言。广大百姓无法生活下去，就不得不铤而走险，以武力反抗隋炀帝杨广的残暴统治。

611年，各地农民起义风起云涌，有些隋军将领也各自割据一方。顷刻间，群雄割据，全国有100多支反隋大军。

在反隋斗争中，起义军也逐渐由分裂走向联合，并逐渐形成了以李密、翟让领导的瓦岗军、杜伏威领导的江淮起义军和窦建德领导的河北起义军三支主要力量。在农民起义的冲击下，隋炀帝杨广的统治岌岌可危，处于风雨

飘摇之中。

在农民起义风起云涌的同时，隋朝内部也逐渐分崩离析。李渊从这种动荡不安的天下局势中抓住了举兵起事的时机。

617年二月，马邑人刘武周起兵，杀死了太守王仁恭，自称天子，国号定扬。于是，李渊就以讨伐刘武周为名，积极募兵。李渊是以维护隋朝统治者的身份出现的，因而远近的武装也纷纷云集，不久就有近万人参加到李渊直接领导的队伍中。

然而，李渊的行动引起了忠于隋炀帝的副留守王威与高君雅的怀疑。617年五月十四日夜里，李渊命次子李世民在晋阳宫城外埋下伏兵。第二天早晨，李渊与王威、高君雅一同议事。这时，晋阳（今山西太原）令刘文静领着开阳府的司马刘政会进入庭中，说有密状要告诉给李渊。

李渊便让他交上来，可是刘会政却拒而不交，说要告的是副留守，只有李渊才能看。

李渊听说后，假装吃惊地说："怎么会有这种事？"

李渊看后，便对大家说："王威、高君雅要勾结突厥入侵。"于是命人逮捕了他们二人。

第二天，果然有突厥几万人围攻太原，人们都信以为真，李渊便趁机将王威和高君雅二人处死。

杀掉王威和高君雅，消除了内患之后，李渊便与将士们一起对付突厥。他命裴寂和刘文静坚守城防，同时又令大门洞开，城墙上也不树旗帜，守城士兵不许张望、喧哗。这就令突厥军队不明底细，不敢轻易入城。

此外，李渊还在夜里派兵出城，早晨改道进城，使突厥误以为援兵源源不断地到达，突厥军队只好退兵。

617年七月，李渊率军3万在太原正式起兵。随后，李渊便以进军关中拿下长安为最终目标，西进的第一个障碍便是西河郡。然而，李建成和李世民兄弟两人仅用了九天就攻下了西河郡，让李渊十分高兴。

然后，李渊又建立了自己的军事机构：设置大将军府，自称大将军。长子李建为陇西公、左领军大都督，统领左三军；次子李世民为敦煌公、右领军大都督，统领右三军；裴寂和刘文静为长史司马。

李渊发动的第二战役是进攻霍邑。李渊担心霍邑的宋老生守城不出，打持久战，对自己不利，于是就派两个儿子领几十名骑兵近城观察，而自己却将部队分成十几队，从城东南到西南，摆出一副攻城的架势。

宋老生果然中计，以为李渊要攻城，便领兵3万出战。李渊领兵假装后退，让李建成和李世民领兵迅速抢占东门和南门，切断了宋老生的退路。

交战过程中，李渊还散布宋老生已经战死的谣言，动摇霍邑的军心。果然，隋军大败，李渊顺利占领了霍邑。

此后，李渊听从李世民的建议，直接进入关中，分兵攻打长安。在招降长安失败后，李渊便下令攻城。占领长安后，李渊又下令禁止掳掠百姓，受到百姓们热烈欢迎。

617年十一月，李渊拥立隋代王杨侑为帝，即隋恭帝，改元义宁，尊在江都的隋炀帝为太上皇。李渊为大丞相，封唐王，以武德殿为丞相府；李世民为秦王。这其实就是李渊日后自己称帝的一个过渡。

618年五月，隋炀帝杨广的右屯卫将军宇文化及在江都发动兵变，勒死了隋炀帝杨广。隋炀帝杨广一死，李渊也就不再需要隋恭帝这个傀儡了。618年，李渊逼杨侑禅位，自己称帝，建立唐朝，改年号为武德，定都长安。

唐王朝虽然建立了，但许多地方还处于分裂之中，农民起义军和隋朝的残余将领也是割据各地。因此，唐高祖李渊在长安安定之后，便开始了长达十年的统一战争。

当时，薛举曾为隋朝金城郡的豪绅。617年，他先称西秦霸王，后又自称皇帝，占据了全部的陇西地区，兵力达十多万人。薛举起兵后，也想取代隋

朝，自己做皇帝。

617年十二月，李世民率兵在扶风将薛举打败，将唐王朝的势力扩充到陇右一带，进一步稳定关中局势。

在扫平薛举之后，李渊又开始对付割据河西的李轨。

在李渊建立唐朝之际，李轨也曾称帝。618年，李渊为了进攻薛举，曾先派人与他结盟通好。李轨非常高兴，主动让自己的弟弟到长安做人质，李渊封其为凉王。

但是，当册封使节到达时，李轨的下属对是否接受唐朝册封却产生了分歧。李轨没有听信部下的话，但又不肯屈居李渊之下，对李渊自称"大凉皇帝臣轨"。虽然用了"臣"，但李渊并不领情，因为他不能允许还有一个皇帝存在，于是加紧了对李轨的征讨。

为了避免战争，李渊派安兴贵前往劝说李轨投降。安兴贵是李轨的户部尚书安修仁的哥哥。李轨听了安兴贵的劝说后，不但没有改变主意，反而认为安兴贵是为了报答李渊的恩情才来劝说他的。安兴贵害怕李轨杀了自己，便和哥哥一起谋划，最后发动兵变，俘虏了李轨。河西就这样被平定了。

刘武周也是李渊的一个劲敌，他起兵较早，而且与突厥勾结，势力比较强盛。629年，刘武周联合突厥南下，占领了齐王李元吉统领的并州。李渊又派裴寂出击，也大败而归。

于是，李渊就想放弃并州这个地区，可是遭到次子李世民的反对。最后，李世民领兵出征，用坚壁清野消耗对方的战术，全面击溃刘武周的部队。刘武周逃到突厥后被杀。至此，唐朝又恢复了原来在河东地区的统治。周围三个劲敌消灭之后，李渊便将注意力投向中原。

李渊在中原的主要对手是王世充。王世充原来是隋朝的江都通守，隋炀帝杨广被杀之后，他拥立杨侗为帝，又打败瓦岗军。除了李密和部分军队外，其余的瓦岗军都被王世充收编。到619年，王世充自己称帝，建立郑国，定都洛阳。

　　李渊派李世民东征王世充，将王世充包围在洛阳一座孤城里。王世充无奈，就向北边的窦建德求援。可是不久，窦建德也被李世民击败了，成了阶下囚。王世充绝望之下，只好献城投降。

　　窦建德死后，其部将刘黑闼又举兵反唐，不到半年的时间，就恢复了原来窦建德的领地。

　　李世民又奉命征讨，与刘黑闼所部两万人进行激战，从中午战到黄昏胜负不分。于是，李世民就命唐军决堤水攻，刘黑闼败退投奔突厥，然后又卷土重来。李渊命李元吉征讨，被刘黑闼击败。太子李建成又亲自出征，他采纳了谋士魏征的策略，安抚民心，最终瓦解了刘黑闼的部下。刘黑闼败退时被杀。河北和山东地区终于平定。

　　李渊在派李世民东征王世充的同时，还命大将李靖领兵南下，攻取长江中游的萧铣。然而，萧铣这时为了防止众将夺其兵权，竟然说要罢兵经营农业，导致自己和部将之间的矛盾加深，许多将领都离他而去。

　　面对富有军事韬略的李靖的大举进攻，萧铣虽然因部将叛离而力量削弱，但也只得硬着头皮应战。李靖出奇制胜，在长江水涨、萧铣认为他不能用兵时，李靖偏偏说服众将趁机进军，大败萧铣军。萧铣最后听从了中书侍郎岑文本的劝告，投降了唐军。

　　杜伏威在江淮一带占据历阳自称总管。唐军围攻洛阳时，曾派人招降过他，杜伏威投降唐朝被李渊封为吴王。

　　杜伏威让属将辅公祏留下统领兵将，自己请求入朝，留在长安做了人质。几年后，辅公祏起兵反唐，自称皇帝对抗唐朝，结果李渊将杜伏威杀死，派大将李靖等讨伐。不久，辅公祏被当地武装抓获，送唐军营中处死，江淮地区也宣告平定。

　　李渊统治后期，广纳妃嫔，安于后宫享乐。有些妃子极力挑拨太子李建成与李世民之间的关系，李渊未能及早制止，反而听信谗言，致使兄弟之间反目成仇、兵戎相见，并最终爆发玄武门政变。

626年夏，突厥犯境，太子李建成向李渊推荐齐王李元吉为出征元帅，想借此把秦王府的精兵骁将掌握在自己手中，然后除掉秦王李世民。不料，被李世民得知。李世民先发制人，密告太子、齐王淫乱后宫，李渊决定次日诘问。

次日，李世民在玄武门设下伏兵。当太子李建成和齐王李元吉途经玄武门时，李世民及部下将其杀死，并让心腹尉迟敬德带甲入宫报告李渊。

此时，李渊正与大臣萧瑀、裴寂坐在一只小龙船上，荡漾在南海池中。他见尉迟敬德全副武装立在岸边，十分惊骇。尉迟敬德说，太子和齐王造反，秦王已把他们处死，特派我前来保驾。李渊听后，惊得目瞪口呆。

这时，旁边的萧瑀等赶忙劝李渊不妨把国事托付给秦王李世民，尉迟敬德也敦促李渊下诏，令诸军悉受秦王节制，以便制止东宫和齐王府军队的骚乱。李渊无奈，被迫写下诏书，命令所有军队悉听秦王处置，并诏立李世民为太子。此时，局势基本已经被李世民控制。李渊无奈，表示愿意早些退位。

秦王李世民即位，年号贞观。李世民即位后，积极平息内乱，使唐王朝统治逐渐稳定下来。

贞观四年（630）三月，突厥来犯，唐朝大将李靖、李勣奉命出击，大败突厥，俘其颉利可汗，东突厥灭亡，唐朝的版图扩大到今天的贝加尔湖以北。

平定突厥之后，唐太宗又多次用兵西域。贞观八年（634），吐谷浑寇边，太宗派李靖、侯君集、李道宗等出击，次年吐谷浑伏允可汗逃入沙漠，后为国人所杀，太宗另立吐谷浑国王。

贞观十三年（639），太宗以高昌王麹文泰西域朝贡，命侯君集、薛万彻等率兵伐高昌。次年，高昌王病死，其子智盛继位，投降唐朝。于是，太宗在高昌首府交河城置安西都护府，西域各国皆到长安朝贡。

贞观十五年（641）正月，唐太宗在吐蕃赞普松赞干布多次请求下，答应将宗女文成公主嫁给他，并派礼部尚书、江夏王李道宗护送公主入藏。松赞干布闻讯大喜，亲自从首都逻些（今西藏拉萨）来到河源（今青海鄂陵湖西），以子婿之礼接见李道宗。他看到中国华丽的服装和壮观的仪仗，十分羡慕。从此，吐蕃和唐朝结为甥舅关系，相互学习，友好相处。盛唐局面至此正式奠基。

◎故事感悟

唐太宗能知人善用，广开言路，自我克制，虚心纳谏，重用魏征等诤臣，开创了当时世界上最强盛的大唐王朝。因年号为"贞观"（627—649），故史称"贞观之治"。这是唐朝的第一个治世，也为后来的开元之治奠定了坚实的基础。

回顾贞观王朝的灿烂文明史，我们很容易得出这样一个结论：中华民族曾经是世界上最先进的民族，中国人也曾经是最扬眉吐气的国民！当今天的中国人回首辉煌的过去时，我们应该采取什么样的态度呢？这不值得我们深思吗？

◎史海撷英

唐朝的对外关系

唐朝建立后推行的是比较开明的外交政策。

794年，唐朝与南诏在点苍山会盟，双方建立了良好的关系。

贞观三年（629），唐军降服东突厥，突利可汗投降，颉利可汗被俘，东突厥汗国覆亡。从此，大量的突厥人迁入长安，各游牧民族都尊唐太宗为"天可汗"。东突厥的灭亡与归顺，也震动了西突厥与西域各国，一些西域小国也纷纷都归附唐王朝。

641年，唐太宗李世民派人护送文成公主进入吐蕃，与赞普松赞干布成亲。其后，还有金城公主下嫁赞普赤德祖赞，并结成联盟，如同一家，唐朝还将先进

的文化带到吐蕃。

822年，唐蕃会盟，划定了疆界，互不侵犯。如今，唐蕃会盟碑还保存在拉萨大昭寺内。

唐高宗显庆二年（657），西突厥覆亡。至此，西域成为唐朝廷的势力范围。

在这期间，唐军与另一大帝国阿拉伯帝国也开始交往。不过随着时间的推移，到了8世纪中叶以后，唐朝在与阿拉伯帝国的交战中屡次失败，唐朝势力也基本退出了中亚沙漠地区。

唐朝时期，由于经济发达，文化也处于世界领先地位，与世界上的许多国家都进行着非常频繁的文化交流。朝鲜、日本等国还专门派留学生到长安学习。唐朝同阿拉伯地区的友好往来，也使绿宝石、胡椒、伊斯兰教等先后传入中国。

◎文苑拾萃

出　猎

唐·李世民

楚王云梦泽，汉帝长杨宫。

岂若因农暇，阅武出辕嵩。

三驱陈锐卒，七萃列材雄。

寒野霜氛白，平原烧火红。

雕戈夏服箭，羽骑绿沉弓。

怖兽潜幽壑，惊禽散翠空。

长烟晦落景，灌木振严风。

所为除民瘼，非是悦林丛。

荥阳唐高祖太宗石刻像

宋 · 苏辙

谁言肤寸像，胜力妙人天。

欲疗众生病，阴扶济世贤。

身微须覆护，眼净照几先。

岂为成功报，犹应历劫缘。

成吉思汗建立蒙古汗国

◎以家为家，以乡为乡，以国为国，以天下为天
下。——《管子·牧民》

> 孛儿只斤·铁木真（1162—1227），成吉思汗，庙号元太祖，孛儿只斤氏，名铁
> 木真，蒙古族。古代蒙古杰出的政治家、军事家，统一蒙古各部。1206年，被推举为
> 大汗，称成吉思汗，建立蒙古汗国。在位期间多次发动对外战争，征服地域西达西亚、
> 中欧的黑海海滨，元朝建立后被追举为太祖。

南宋孝宗赵昚当了27年的皇帝，于1189年传位于赵惇，是为宋光宗。宋光宗在五年皇帝的生涯中，一直都是碌碌无为，后来又传位给第二个儿子赵扩，是为宋宁宗。

此时，北方的金国也换了两个皇帝。海陵王在采石矶之战被虞允文打败后，遭兵变被杀。此前在1161年，完颜雍已经称帝，是为金世宗。

金世宗称帝后，继续前几代国君的改革措施。1190年，金世宗崩驾，完颜璟接位，是为金章宗。到了金章宗的后期，金国的国势逐渐衰落。而在它的北边兴起了一个蒙古汗国，极大地威胁着金国的安全。

1206年，蒙古各个部落首领在斡难河（今鄂嫩河）边召开了一次盛大的集会，公推乞颜氏族的铁木真担任全蒙古的大汗，并且给他一个称号叫成吉思汗。"成吉思"是海洋的意思，也就是称铁木真是海洋一样的皇帝。

铁木真本是乞颜氏族部族酋长也速该的儿子。在他的幼年时期，金王朝统治者对蒙古族人民实行残酷统治，同时，蒙古内部各部落之间也互相争斗。

也速该在与各部征战中，曾抓住塔塔尔部一个名叫铁木真的首领。为了纪念这次胜利，他给自己刚刚出生的儿子取名为铁木真。

铁木真9岁那年，父亲也速该带他到弘吉剌部族去求婚。按照蒙古族风俗，男子往往要留在女家入赘。弘吉剌部酋长同意了他们的求婚，铁木真就留了下来，也速该就独自一人回家。他赶了一段路，肚子饿了，想找点东西吃，正好看见塔塔尔部人在草原上宴会，就下马走了过去，按照当地的风俗，参加了塔塔尔人的宴会。

塔塔尔人曾与也速该的乞颜族人打过仗，也速该还曾捉住他们的一个首领铁木真，并把自己的儿子取名铁木真。也速该当时没想到这一点，而塔塔尔人已然认出了这个仇人，便偷偷在也速该吃的食物里投了毒。也速该在回家途中毒性发作，勉强支持到家就死了。他在临死前知道中了塔塔尔人的暗算，就对妻子说："你一定要把孩子们抚养成人，教育他们继承祖业，报仇雪恨！"铁木真的入赘是象征性的，过了几天就回来了。父亲的死使他非常悲痛。

也速该死后，他的部落就散了伙，原来归附于该部的泰亦赤部也脱离了他们，还带走了许多也速该的奴隶和牲畜，铁木真的家境每况愈下。从此，铁木真的母亲带着几个幼小的孩子过着十分艰苦的生活。他们只能靠采集野果、挖野菜草根度日。铁木真聪明懂事，在艰苦岁月的磨炼下逐渐长大成人，并且逐渐聚集了一些族众。

泰亦赤部的首领担心铁木真会重新恢复乞颜氏部族，威胁到自己的地位，就纠集族众袭击铁木真一家和族众的驻地。他们害怕的只是铁木真，所以包围了他们全家后，宣称只要将铁木真交出来，其全家和族众可免受杀害。

铁木真为了不使家人和族众受难，就孤身一人逃入高山密林之中。泰亦赤人紧追不舍，把山林包围起来。铁木真在森林里躲了九天九夜，以草根野菜充饥，后来他忍不住饥饿只得走出密林，被泰亦赤人抓住了。

泰亦赤人给铁木真戴上木枷，带到各个营帐里去示众。铁木真受尽了百般嘲弄和耻辱，他都咬着牙忍受下来。有一天，泰亦赤人在斡难河边举行宴会，只有一个年轻的看守监视他。铁木真趁看守不备，举起木枷把他砸昏而逃了出来，与母亲和兄弟相聚，躲进了森林里。

此后，铁木真还遇到两次大劫难，一次是马匹被强盗所抢，自己颈脖中箭，险些丧命；另一次是新婚不久，仇家偷袭，铁木真寡不敌众，指挥族人逃进森林，妻子被掳去。

铁木真为救妻子，把妻子的珍贵黑貂皮送给克烈部族的首领王罕。王罕答应帮助他，同时铁木真的一个朋友札木合也愿意帮助他，联合起来打败了铁木真的仇家，铁木真救回了妻子。

铁木真和札木合原是好朋友，但铁木真的势力渐渐强大，甚至札木合的部下也来投奔铁木真，这就引起了札木合的忌妒。有一次，札木合的弟弟抢夺铁木真的马群，被铁木真部属所杀，双方反目成仇。札术合集合13个部共三万多人，攻打铁木真。

铁木真不甘示弱，将部下三万人分成13支队伍，抵抗札木合的进攻，在斡难河边草原上展开了一场血战。铁木真败了。札术合把抓住的俘虏尽行杀害，引起部下的不满，纷纷脱离札木合投奔铁木真。这次战争铁木真虽然失败了，但力量比以前更强大了。铁木真没忘杀父仇人，而塔塔尔族得罪了金国，铁木真便与金国一起进攻塔塔尔部，结果把塔塔尔部打得全军覆没。

以后，铁木真经过多次战斗，征服了蒙古高原其他部落，终于统一蒙古，被推为成吉思汗。

成吉思汗建国前，蒙古各氏族部落早已到处杂居了。随着战争的发展和部落贵族间的斗争，原来的部落组织因不断分裂而遭到破坏。大批原部落以外的人被吸收进来，各部被掳掠来的奴隶越来越多，新占领的地区也远远超出蒙古部原居地的范围。为了保障奴隶主贵族集团的既得利益，成吉思汗将新占领地区的人户编为95个千户，分封给开国功臣和贵戚，分别进行统治。

成吉思汗将一些千户分配给自己的母亲、诸弟和子侄，其余的千户则分为左、右两翼，由他直接统治。右翼各千户分布在直到阿尔泰山的蒙古西部地区，大体上相当于克烈、乃蛮、斡亦剌和汪古部的旧地，以博尔尤和博尔忽为正副首领（《元朝秘史》称为右手万户）。左翼各千户分布在直到大兴安岭的东部地区，以木华黎和纳牙阿为正副首领（《元朝秘史》称为左手万户）。征服鄂毕河至额尔齐斯河的森林部落以后，成吉思汗又封八邻部贵族豁儿赤为镇守林木中百姓的万户。在成吉思汗周围，还建立了一支直属于他的护卫中军，由纳牙阿任中军万户那颜。

在千户以下，又分为百户、十户。这种十进位的组织，分别由万户、千户、百户那颜（长官）统属。它已完全不是氏族部落的血缘组织，而是在新兴的蒙古汗国统辖下的各级军事、行政机构。军事系统和行政系统相结合，是蒙古汗国的一个明显特点。

成吉思汗建国前所设置的护卫军怯薛，后来发展成为蒙古国家中枢的庞大统治机构。成吉思汗把怯薛扩充到一万名，原来的80名宿卫扩充为1000名，70名散班扩充为8000名，与1000名作战时充先锋的勇士军合共万人，仍由阿儿孩合撒儿统领。

一万名怯薛军主要是由各级那颜和贵族子弟中选充，只有一小部分是选自平民（自身人）子弟。成吉思汗规定：怯薛千户子弟可自带10名随从，百户子弟可带5名，10户及一般贵族子弟可带3名。此外，各级贵族子弟都还可带来一名兄弟入卫。入卫的怯薛，都由依附民户供纳马匹和财物，负担科敛。

怯薛对外作战时，作为成吉思汗直接统领的主力掳掠人畜，优先获得财物；平时则作为蒙古汗国的实体附属物捍卫着以成吉思汗为首的贵族统治，镇压被压迫者的反抗。怯薛分为四班，每三天轮流入值，每班有怯薛长统领。怯薛的职务还包括冠服、弓矢、饮食、文史、车马、庐帐、府库、医药、卜祝之事。怯薛长也协助处理国家事务。怯薛是汗的亲军，也是国家的中枢行政机构。四怯薛长由博尔忽、博尔术、木华黎、赤老温四人分任，号为"四杰"。

怯薛中的札鲁忽赤，可以说是具备国家雏形的专职官吏。成吉思汗建国以前，就已任命他的异母弟别勒古台为札鲁忽赤之长。建国以后，他又任命义弟失吉忽秃忽为最高札鲁忽赤，同时就札鲁忽赤的职权作出明确规定。他说："当我被长生天护佑着，使天下百姓绥服时，你要给我做耳目，把天下住毡帐的、住房屋的百姓都分成分子，分配给母亲、我们、弟弟们和诸子侄，任何人都不得违背你的话。众百姓中如有盗贼诈伪的事，你惩戒着，可杀的杀，可罚的罚。"又说，"凡是将众百姓分成分子和断了的事都要写在青册上。经过失吉忽秃忽和我商量拟议过而写在青册白纸上的，直到子孙万代不许更改，更改的要治罪。"札鲁忽赤汉译为"断事官"。从成吉思汗规定的职权范围看，它具体负责属民的分配和罪犯的判决，后来逐步形成为兼管财政和司法的官职。

在蒙古建国前，部落首领发布的号令称为"札撒"。据《集史》（第一卷第二册）记载，成吉思汗在1203年战胜王罕以后，"召开了大会，制定了完美而确切的札撒"。1218年西征以前，他又召开了忽里勒台，"在他们中重新规定了规章（额延）、法律（札撒）和自古以来的习惯法（约孙）"。随着大汗权威不断提高，成吉思汗的命令被记录下来就是札撒，并被奉为神圣的法律条规。札撒具有保护私有财产和奴隶主贵族利益的强烈阶级性，它确认奴隶主的父权、夫权和财产继承权，以及可以任意处置奴隶的权力。奴隶反抗主人，私藏俘虏和逃奴，私自给囚犯衣食，临阵退缩等，都要处以极刑。札撒对巩固新建的奴隶制国家和奴隶主的统治起了显著的作用。

蒙古国原来是没有文字的，每次调发兵马都要用结草或刻木记事。1204年，成吉思汗战胜乃蛮时，捉到了乃蛮的掌印官塔塔统阿。塔塔统阿借用畏兀儿文（回鹘文）的字母拼写蒙古语，创造了蒙古族的文字，并教给蒙古贵族子弟们学习。蒙古文字的创造，也成为蒙古历史上的一个重大创举。

成吉思汗还从塔塔统阿那里学会了使用印章以为信验的办法；同时，成吉思汗又采用了金朝通用的符牌制度，把汗的旨意（札儿里黑）刻在牌子上，作为平时调发兵马、传达命令的凭据。

　　新建立的蒙古国家制度当然还很不完备、是较为原始的，但是，蒙古国家的出现结束了草原长期以来的部落纷争，蒙古社会也由此进入阶级社会，确立了奴隶制。

◎故事感悟

　　成吉思汗通过半生戎马征伐，终于建立了统一的蒙古汗国，这是蒙古族历史，也是全中国历史上的一个重大事件。它对中国各民族的发展，以至欧、亚两洲许多国家的发展，都产生了深远而重大的影响。

◎史海撷英

成吉思汗一生中唯一的战败

　　铁木真18岁时，昔日的仇敌蔑儿乞部的脱脱部长抢走了他的妻子。铁木真非常愤怒，领兵向蔑儿乞部开战，并打败了蔑儿乞人。

　　1184年前后，由于很有才能，铁木真被推举为蒙古乞颜部的可汗。然而，铁木真称汗之事却引起了雄心勃勃的札木合的忌恨，札木合便纠合塔塔儿、泰赤兀等十三部向铁木真发动了"十三翼之战"，结果大败铁木真。这也是铁木真一生所经历的60余场战争中的唯一一次战败。

◎文苑拾萃

成吉思汗陵

　　成吉思汗陵坐落内蒙古鄂尔多斯市伊金霍洛旗甘德利草原上，距东胜区70千米。

　　蒙古族人死后，是盛行"密葬"的，所以真正的成吉思汗陵究竟在何处始终是个谜。如今的成吉思汗陵乃是一座衣冠冢，并经过多次迁移，直到1954年才由湟中县的塔尔寺迁回故地伊金霍洛旗。这里绿草茵茵，一派草原特有的壮丽景色。

　　如今，成吉思汗陵已经成为内蒙古一处主要旅游景点。

过成吉思汗驿

清·袁金铠

成吉思汗地，犹留怪杰踪。

一龙极天矫，万马昔横冲。

余亦能过此，昔人不可逢。

山川剩陈迹，瞻眺扩诗胸。

忽必烈建立元朝

◎不安于小成，然后足以成大器；不诱于小利，然后
可以立远功。——方孝孺

孛儿只斤·忽必烈（1215—1294），元朝第五位皇帝，1260—1294年在位。庙号
世祖。谥号圣德神功文武皇帝。蒙古语尊称薛禅皇帝。元太祖成吉思汗孛儿只斤·铁
木真之孙，元睿宗孛儿只斤·拖雷第四子，元宪宗孛儿只斤·蒙哥弟。母唆鲁禾帖尼。

窝阔台是成吉思汗的儿子，史称元太宗。他在位的13年间，蒙古国灭掉
了金国，进行了第二次西征。在耶律楚材的辅助下，初步建立了中原地区的
统治制度，进一步加速了蒙古国由奴隶制社会向封建社会的过渡。

1242年，窝阔台去世后，皇后乃马真氏称制。1246年，她的儿子贵由做
了两年多的大汗，称为元定宗。贵由死后，成吉思汗的孙子，也就是窝阔台
的侄儿、拖雷的儿子蒙哥即位大汗，是为元宪宗。拖雷曾是窝阔台灭金的主
要助手，但他先于窝阔台去世。

蒙哥在位时，一方面派他的弟弟忽必烈主管黄河以北地区，准备大规模
地攻伐南宋；一方面派另一个弟弟旭烈兀第三次西征，建立了"伊儿汗国"。

忽必烈奉命进入中原地区，这也使他有机会接触到了许多汉族的知识分
子，像僧侣刘秉忠，学者张文谦、郝经等，后来都成了忽必烈亲信的谋士。
他们的建议，也使忽必烈受到了很深的影响。刘秉忠说："以马上取天下，不
可以马上治。成吉思汗皇帝骑马挥鞭，没几年就取了天下，但治理天下要靠
典章制度、三纲五常。"郝经也说："今天谁能重用士大夫，又能推行中国原

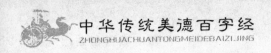

有的治国之道，谁就能当中国的皇帝！"这些话都促使忽必烈称帝后积极推行"汉化"政策。

忽必烈早就有称帝的雄心。为了巩固自己的根基，他让刘秉忠去漂河北岸的龙岗（今内蒙古多伦县西北）建立一个新的城市叫开平。这里也成了忽必烈的根据地，一大批谋士都聚集在这里为他出谋划策。

1258年，蒙哥发动三路大军攻南宋，他亲率一路攻打四川。他攻占了成都，接着就向襄阳（今重庆）进军，到达合州时（今四川合州），蒙哥被宋军矢石击中，死在钓鱼城下，蒙古军只得退兵。

这时，忽必烈也正率领一路大军进攻鄂州。他一方面想要夺取鄂州，一方面又要回国夺汗位。正在进退两难时，南宋权相贾似道和他签订密约，他就回到根据地，宣布即位。

留守国内的蒙哥小儿子阿里不哥，也在一些守旧贵族的支持下即位称汗。这样蒙古国就出现了两个"大汗"。

忽必烈当然不甘心，就对阿里不哥进行军事行动。经过4年的内战，忽必烈大获全胜，阿里不哥率残部到开平投降，两年后阿里不哥死去。

然而，就在忽必烈和阿里不哥打得难分难解时，北方地区的地主武装发生了叛乱。

蒙古攻金国时，采取拉拢当地地主武装的手段，允许他们仍居原职，享有世袭的权利。这些地主武装的首领心情很是矛盾，既惧怕蒙古军队的威势，又要享受更多的权益。有的人表面服从蒙古的命令，实质上是自行其是，不断扩大自己的力量和地盘。盘踞于山东的李璮就是其中的一个典型。

李璮是金朝末年山东红袄军领袖李全的养子。李全先是投奔南宋，蒙古攻金时又投降蒙古，充当其攻伐南宋的鹰犬，结果在扬州被宋军杀死。李全死后，由李璮继承职位，在山东统治了30年，他想利用蒙古与南宋的争斗从中捞取更多的好处。

蒙哥在位时，李璮采用假冒军功的办法骗取军饷、兵器和粮食。蒙古要调用他，他就以要对付南宋为借口，不肯派兵。忽必烈夺取汗位后，察觉李璮图谋不轨，但当时主要精力要用于对付阿里不哥，便对李璮采取安抚政策。

李璮利令智昏，以为忽必烈惧怕他，便趁忽必烈与阿里不哥作战之机叛乱。

李璮之所这样做，也是自有想法。他认为中原地方的汉族地主武装多数与他一样，不甘心被蒙古所驱使，都想获得更多的实权。只要他一起兵，他们就会响应，顿时可成燎原之势。所以他在起事前，先派人与各地联络，得到了他们的"口头承诺"。但是这些人都是脚踏两只船的家伙。如果李璮成功了，他们可以分享一部分胜利果实；如果失败了，他们又可推卸责任，所以并没有什么具体的行动。

李璮在益都正式发动叛乱，旨在推翻蒙古的统治，自己取而代之。但他势孤力单，既无法直捣燕京，也没去联合南宋，而是出兵济南，等待各地的军阀来响应。

各地军阀只有"承诺"而无"行动"，等忽必烈消灭了竞争对手阿里不哥后，下令各地军阀围剿李璮时，他们就"行动"起来了，不过不是响应李璮，而是攻打李璮。因为他们经过权衡之后，觉得响应李璮是自取灭亡，攻打李璮尚可向蒙古表示"忠心"。

结果济南被攻陷，李璮跳入大明湖自杀未果，又被抓上来，被他的"合作伙伴"、山东地区另外一些地主武装的首领们肢解而死。这些人毕竟当初口头答应过李璮一起叛乱的。为了表示对忽必烈的"忠诚"，一方面显示出对李璮特别"仇视"，一方面也要求削去兵权，忽必烈就趁机把北方地区的地方武装解除了，这是他打赢阿里不哥后的又一次重大胜利。

在这种情势下，忽必烈专注于对南宋用兵。1271年，他根据刘秉忠建议，取"易经"上"乾元"（极大）的意思，把蒙古国改为大元，元朝正式建立了。接着又把燕京改为大都，定为首都。自此蒙古的政治重心由北方移至中原地带。秦始皇统一中国后建立了40个州郡，这是改变地方割据的一项重大措施。经过历代演变到了元代，建立了行省制度，更是地方政权建设的一项重大变化。这种行省制度经过逐渐完善，一直沿用至今。

元朝地域广大，超过了汉唐盛世。除了"四大汗国"分封给蒙古亲王外，元朝皇帝直接统治着包括原来的金、宋、西夏、大理等地区。在这个地区内，划分了12个大的行政区，实行"行省"制度。从魏、晋、南北朝开始，中央

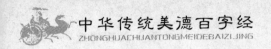

的行政机构称为尚书省、中书省等。"行省"就是中央机构到地方上仍然行使中央机构权力的称呼。开始是中央派出机构，后来则变成了州以上的一级行政组织，这是加强中央集权的重大制度。

◎故事感悟

忽必烈一生征战，一统天下，建立了幅员辽阔的统一多民族国家——元朝。在位期间，他建立行省制，加强中央集权，使得社会经济逐渐恢复和发展。忽必烈同其祖父成吉思汗一样，是蒙古民族光辉历史的缔造者，也为中国历史的发展留下了浓墨重彩的一笔。

◎史海撷英

忽必烈扶持佛教

元朝建立以后，对一切宗教都是宽容对待。然而，忽必烈对佛教教徒的同情，使他在短时期内对佛教徒的老对手——道士们表现了几分个人敌视。

的确，佛教由于忽必烈的偏袒而明显受益，而忽必烈也正是以这种面貌而被载入蒙古传说的。虔诚的佛教徒、蒙古史家萨囊彻辰甚至给忽必烈冠以呼图克图和查克拉瓦蒂这样的称号。甚至在他继位前，即蒙哥统治的时候，忽必烈就在上都府召集了一次佛教徒与道士的辩论会（1258年），结果，佛教徒获胜。

在这次著名的论战中，那摩与年轻的吐蕃喇嘛八思巴阐述了佛教的教义。就如同在1255年的辩论会上一样，他们指控道士们散布流言，歪曲了佛教的起源史，把佛教贬成仅仅是道教的附庸。

这次论战之后，忽必烈便颁布法令，焚毁了道藏的伪经，迫使道士们归还从佛教徒手中夺得的佛寺（1258年、1261年、1280和1281年法令）。马可·波罗后来记载，忽必烈继任皇帝后，还曾举行过隆重的仪式，接受锡兰王送给他的一件佛骨。

◎文苑拾萃

忽必烈夏宫

忽必烈夏宫位于内蒙古锡盟正蓝旗金莲川草原上，是以元世祖忽必烈在上都登基，继承汗位，建立大元帝国，并将上都长期作为元朝的夏都而命名的。

1275 年夏天，马可·波罗来到元朝的上都，忽必烈皇帝在上都大安宫中接见了马可·波罗，并且命他在各地采风。

马可·波罗在自己的《游记》中，详细地描述了元上都周围的草原风光以及各种美丽神奇的景象，其中包括成群的天鹅与白鹤在古城上空飞舞的景象。

此外，马可·波罗还记述了蒙古皇帝在元上都周围划定禁猎区以繁殖飞禽走兽的情况。在元上都草原周围，不但栖息着野鹿、狼、狐狸、野羊、野兔，还生活着许多天鹅、鹰、白鹤、灰鹤、野鸭、鸳鸯等，它们在草原上以及湖泊、水泡、树林中觅食、嬉戏、繁殖，成为一大壮美的景观。

随着周围的生态保护，成千上万的候鸟又飞回夏宫草原上。随着旅游业的开发，这里建成了周边独一无二的蒙古大营，绚丽多彩的蒙古族服饰，充满民族风情的蒙古包，多姿欢快的民族演出，组成了一幅独特的蒙古族风情画卷！

如今，这里集娱乐、餐饮、察哈尔民俗风情展示、度假、狂欢、体验牧人生活、研究蒙元史及蒙古文化功能于一体，成为著名的旅游胜地。

朱元璋开创大明王朝

◎天下初定，百姓财力俱困，比犹初飞之鸟，不可拔其羽；
新植之木，不可摇其根，要在安养生息之。——朱元璋

朱元璋（1328—1398），明王朝的开国皇帝。原名重八，后取名兴宗。濠州（今安徽凤阳县东）钟离太平乡人。25岁时参加郭子兴领导的红巾军反抗蒙元暴政，龙凤七年（1361）受封吴国公，十年自称吴王。元至正二十八年（1368），在基本击破各路农民起义军、扫平元的残余势力后于南京称帝，国号大明，年号洪武，建立了全国统一的封建政权。朱元璋统治时期被称为"洪武之治"。死后葬于明孝陵。

1366年，朱元璋打败了争霸路上的最后一个劲敌张士诚，并将他的将士收归己有。朱元璋告诫降将们说："你们都是被迫投顺的，但我不歧视你们，你们也应该改掉老毛病。"降将们点头。这些出身于江浙富庶地区的将士，确实不如朱元璋出身于淮西的部众能吃苦。朱元璋所指的"坏毛病"，就是说这些人贪图享乐，胸无大志，因为元朝的统治尚未推翻，应该保持义军本色。

朱元璋并没有被胜利冲昏头脑。他在并吞各路义军之后，一方面派大将徐达、常遇春北伐，一方面又派出两支部队去攻打福建、江西、广东和广西，这些地方还在元朝统治之下。同时，他要建都做皇帝。

当初，朱升向朱元璋所提的"九字真经"中，最后三个字是"缓称王"。缓称王并非不称王，那时候称王树大招风易遭猜忌和攻击，可现在自己势力已根深蒂固，原先的农民政权先后瓦解，再不称王就会失去号召力和凝聚力。

随着徐达等南征北战，将领们的捷报不断传来。朱元璋就把留守金陵（元时称集庆）的李善长、刘基等大臣召来，计议这件大事。

李善长、刘基等人很了解朱元璋的心思。为了统一大业，他们不止一次地建议，请朱元璋登基做皇帝，但一次次都被朱元璋推辞了，因为他尝到了"缓称王"的甜头。随着形势的变化，朱元璋的想法也发生了变化，所以主动请大臣来商量这件事。

大臣们当然没有异议，谁不想当个开国的勋臣呢？他们审时度势，若不建立政权，就会违背百姓的意愿，不能取得推翻元朝的最后胜利。

学着前朝开国皇帝的样子，朱元璋安排好李善长率领文武百官再三劝进，他也"谦让"一番，在"众意难违"的情势下，"勉强"点头应允。他脸上露出十分和善虔诚的神色，显出一种愿与众位有功之臣同患难共富贵的样子。于是众臣选址建宫，为朱元璋登基紧锣密鼓地筹备起来。

1368年，朱元璋登上皇位，我国历史上一个最下层的放牛娃、乞丐、和尚终于当上了最高层领导，是为明太祖。他给这个新王朝定名为"大明"，以金陵为国都，立妻子马氏为皇后，长子朱标为太子，封李善长和徐达为左右丞相。

正当朱元璋建立明朝时，元朝的统治者还在内讧不断，元顺帝整天昏迷不悟。太子已长大成人，有夺取皇位之念。权臣哈麻顺势劝顺帝让位，触怒了顺帝。他把哈麻发配广东，并派人在路上将他活活打死。哈麻当初陷害脱脱也是采取这个办法。谁知他"发明"的办法，最后落到了自己的头上。

皇太子夺位没有成功，就与生母奇皇后商量，让左丞相太平再出面劝顺帝让位。太平不肯，结果被奇皇后设计毒死。朝廷如此乱糟糟一团，外地的将军也拉帮结派，明争暗斗，抢夺地盘，结果河南王王保保（即扩廓帖木耳）得势，被元顺帝召回京城，封为丞相。皇后与皇太子又要他去劝顺帝让位。王保保不肯，皇后母子对他怀恨在心，顺帝也怕他权势太重，也不信任。王保保在都城站不住脚，就要求带兵征讨朱元璋的大军。元顺帝就任命他为大元帅外出打仗。但一些老军阀又不肯听从王保保的指挥，军队内部发生争斗，元顺帝又罢免了王保保元帅之职。

朱元璋正是趁着元朝内部不和的时机，平定了陈友谅和张士诚。及至徐达和常遇春率军北伐时，元朝政府犹如一盘散沙，已无抵抗能力了。

北伐军一路势如破竹，山东、河南的元朝守将逃的逃，降的降。徐达没几个月就打到了大都。元顺帝召集群臣商议，决定逃到上都去。他不听大臣的劝阻，带领王宫后妃、皇太子及文武官一百多人放弃大都向北逃跑了。此时，明朝已经建立，徐达率领明军进入大都，统治中国97年的元朝被推翻了。

元顺帝死后，由皇太子即位。这个皇太子几次三番都想做皇帝，这次终于做成了，但国家却没有了。后来，皇位又传了六次，延续了34年，虽然仍用"大元"作国号，并使用"皇帝"的称号，但已名不副实了，只是苟延残喘罢了。这一时期的所谓"大元"，历史上称之为"北元"。

与此同时，元朝原先统治着的南方地区也相继被明军攻下，朱元璋终于完成了统一全国的大业。

统一全国之后，朱元璋以强力手段进行了政治制度的改进与创新，这种改进一方面固然是为了进一步加强皇权和稳定政治权力格局，但在主观和客观上也在一定乃至相当程度上完善了封建制度，促进了政治制度的进步，从而为明朝的统治打下了坚实的基础。

朱元璋为了克服元朝民生艰难、政府极端腐败、百姓所受压迫巨大、中央政府权威涣散、政策得不到坚决贯彻等一系列弊端，采取了一系列加强皇权、改革政制的措施。

一方面，朱元璋在中央政府机构设置中废除了大权在握的丞相，设立协助皇帝处理政务的秘书班子（即殿阁大学士）——这就是明朝内阁制的雏形。内阁制到明成祖时基本成型，之后权力渐重，如到宣宗时授内阁大学士票拟权，到宪宗时形成内阁首辅。总之，经过明朝几代皇帝的努力，内阁制变得日益完善与成熟。

另一方面，朱元璋对各级地方政府的权力也给予了分解。比如，省级地方大权就改由新设置的承宣布政使司、提刑按察使司、都指挥使司三个机构分掌行政、司法、军事这三项权力，而且，这三个地位平等的机构也是互不统辖，都单独向中央负责——这就避免了地方官员由大权独揽渐至割据一方，与中央分庭抗礼的可能。

在军队方面，朱元璋把中央的大都督府分解为左、中、右、前、后共计五个都督府，五军都督府分掌全国军事力量的管理与训练，而调兵权则由兵部掌握。在地方上，则建立了一整套完备的卫所制、军户制（及明中后期出现的募兵制）。通过建立这一系列的军事制度，朱元璋将军权牢牢控制在自己手中。

为了巩固皇权，保证国家长治久安，朱元璋还设置了情报和特务组织锦衣卫。事实上，明朝的锦衣卫大多数时候对国家起到的还是正面的作用，锦衣卫在历史上之所以名声不好，只是有时被坏人利用打击异己之类的政治斗争了。

明朝建立后，朱元璋借鉴汉初经验，实行轻税薄赋、休养生息的政策，为天下百姓的利益精心谋划与勤奋工作，使生活在明初的平民百姓在生灵涂炭的战火之后过上了安定向富的好日子。

长期战乱后的明初，鉴于人口剧减的社会现实，朱元璋实行移民屯田的政策，也就是从人口多的地区迁移部分居民到人口稀少的地区，国家还免费发放耕牛和种子给移民；为解决流民无地问题，朱元璋鼓励老百姓开拓荒地，规定凡开垦荒地，永远为开拓者自有，且三年免税；朱元璋还鼓励老百姓种植经济作物，规定凡种桑棉麻者，第四年起才开始征税，诸如此类。通过一系列的抚农护农政策，老百姓的生产积极性被极大地调动起来。

朱元璋称帝后，还高度重视水利等农业基础设施，为正常的农业生产提供了必要的帮助。在税赋方面，不仅农业轻税，商业也实行三十税一的政策，而对于小摊小贩则一律免税。同时大力实行军屯和商屯。所谓军屯，就是军人也从事农业生产以自给自足；所谓商屯，就是由商人运粮供应军队，而商人以此获得盐等特种货物的经营权——商人从内地运粮去边地路途太远，于是，人们就纷纷在边地雇人种田——军屯和商屯成功地减轻了国家和老百姓的负担。

朱元璋还建立了社会救济制度，比如救灾制度：全国各地凡遇水旱等灾害，不但免除当年的税赋，并开仓赈灾；再如济贫制度：设立济养院，凡生活无着者则收留之并按月发给粮食等；贫穷人家无力埋葬死者的，由政府赞助陵地和丧葬费；年满八十的老人，国家赐给爵位及养老待遇；在立法上多"佑贫抑富"，穷人家卖子女的，官府出钱收买，同时安排富人收之为佃户，并鼓励富户贷米给穷人，国家以免富户杂役的形式来承担利息；粮食涨价时，政府开仓平抑米价，并提前发给各级官员俸米以压米价；外出的饥民回到家乡以后，政府按日发给口粮，国家则办公共工程以安置流离失所之民……

总之，朱元璋通过制定和实施一系列政策，很快稳定了社会与民心，恢复和促进了农业与经济的发展，明朝也由此得以巩固。

◎故事感悟

王侯将相宁有种乎？明王朝的开国皇帝朱元璋生于佃农之家，却凭借着自身的努力和排除万难的精神开创了大明王朝。他的创业之路坎坷无比，但终于灭掉了元王朝，打败了众多对手，建立了自己的基业。朱元璋所作的这些贡献也推动了中华民族在历史长河中的进步与发展，直至今日他的功绩依旧被人们认可！

◎史海撷英

明朝官僚机构的改革

明朝建立初年，官僚机构基本上都沿袭了元朝的制度。但是，朱元璋逐渐认识到其中的弊病，进行了一系列改革。

首先是废除了行省制。1376年，朱元璋宣布废除行中书省，设立承宣布政使司、都指挥使司和提刑按察使司，分别担负行中书省的职责。三者既是分立的，又互相牵制，从而防止了地方权力过重的现象。

在军事上，朱元璋废除了管理全国军事的大都督府，将其分为中、左、前、后、右五军都督府，并兵部互相牵制。兵部有权颁发命令，但不直接统帅军队；都督府掌管军队管理和训练，但没有调遣军队的权力。这样，军权便集于皇帝一人之手了。

◎文苑拾萃

明孝陵

明孝陵为明代开国皇帝朱元璋与其皇后马氏的合葬陵墓。由于皇后谥号"孝慈"，故而名为孝陵。

明孝陵坐落南京市东郊紫金山南麓独龙阜玩珠峰下，茅山西侧，东毗中山陵，南临梅花山，是南京最大的帝王陵墓，也是中国古代最大的帝王陵寝之一。

联合国教科文组织世界遗产委员会第二十七届会议于2003年7月3号决定，将明教陵入选世界文化遗产。其周边的常遇春墓、仇成墓、吴良墓、吴桢墓及李文忠墓等五座功臣墓，也同时被划入世界遗产保护范围。

题明太祖陵

清·赵翼

定鼎金陵控制遥，宅中方轨集轮镳。

千秋形胜从三国，一样江山娄六朝。

燕啄皇孙传岂误，狗烹诸将乱终消。

桥陵曾借神僧穴，易代犹闻禁采樵。

谒明太祖陵

清·乾隆

崛起何嫌本做僧，汉高同杰又多能。

每当巡省临华里，必致勤虔谒孝陵。

一代规模颇称树，百年礼乐未遑兴。

独怜复古非通变，翻使燕兵衅可乘。

ZHONGHUACHUANTONGMEIDEBAIZIJING
中华传统美德百字经

艰·艰苦创业

第二篇

从创业走向辉煌

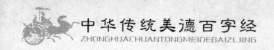

京城老字号全聚德

◎要永远相信：当所有人都冲进去的时候赶紧出来，
所有人都不玩了再冲进去。—— 李嘉诚

　　杨全仁（1822—1890），名寿山，字全仁，全聚德烤鸭店创始人。河北冀县杨家寨人。在他的苦心经营下，全聚德一天天发展，由一个普通的烤炉铺发展成为一个以挂炉烤鸭为特色、兼有各式炒菜的名副其实的餐馆，为全聚德烤鸭的发展及名扬海内外奠定了坚实的基础。

　　全聚德烤鸭店的创始人是杨全仁。他刚刚到北京时，曾在前门外肉市街做生鸡鸭买卖。

　　杨全仁是个很精明的人，对贩鸭之道揣摩得精细明白，因此生意也是越做越红火。他平日省吃俭用，逐渐有了一些积蓄。

　　杨全仁每天到肉市上摆摊售卖鸡鸭时，都要经过一间名叫"德聚全"的干果铺。这间铺子的招牌虽然醒目，可是生意却江河日下。到了同治三年（1864），"德聚全"的生意更是一蹶不振，濒临倒闭。精明的杨全仁抓住这个机会，拿出自己多年的积蓄，买下了"德聚全"的店铺。

　　有了自己的铺子，杨全仁便合计着为铺子起一个响亮的名字。他请来一位风水先生，风水先生围着店铺转了两圈，突然站定，捻着胡子说："啊呀，这可真是一块风水宝地啊！您看，这店铺两边的两条小胡同就像两根轿杆儿，将来盖起一座楼房，便如同一顶八抬大轿，前程不可限量！"

　　这时风水先生眼珠一转，又说："不过，以前这间店铺甚为倒运，晦气难除。除非将其'德聚全'的旧字号倒过来，即称'全聚德'，方可冲其晦气，踏上坦途。"

风水先生的一席话，说得杨全仁是眉开眼笑。"全聚德"不但响亮，而且也十分合他的心意，一来是他的名字中占有一个"全"字，二来"聚德"就是聚拢德行，可以标榜自己做买卖讲德行。

于是，杨全仁就将这个店铺的名号定为"全聚德"。接着，他又请来一位书法颇有造诣的秀才——钱子龙，书写了"全聚德"三个大字，制成金字匾额，挂在店铺的门楣之上。那字写得苍劲有力，浑厚醒目，为这个不起眼的小店铺增色不少。

在杨全仁的精心经营下，全聚德的生意蒸蒸日上。当他得知专为宫廷做御膳挂炉烤鸭的金华馆内，有一位姓孙的老师傅，烤鸭技术十分高超，就千方百计与这位孙师傅交朋友。经常一起饮酒下棋，相互间的关系越来越密切。孙老师傅终于被杨全仁说动，在重金礼聘下来到全聚德。

全聚德聘请到了孙老师傅，就等于掌握了清宫挂炉烤鸭的全部技术。经孙老师傅烤出来的鸭子，不仅外形美观，丰盈饱满，颜色鲜艳，色呈枣红，而且吃起来皮脆肉嫩，鲜美酥香，肥而不腻，瘦而不柴。这也为全聚德烤鸭赢得了"京师美馔，莫妙于鸭"的美誉。

1993年5月20日，中国北京全聚德集团的组建，翻开了全聚德历史的崭新一页。

全聚德集团成立以来，按照当年周恩来总理对全聚德"全而无缺，聚而不散，仁德至上"的诠释，发扬"艰苦创业、开拓创新、争创一流"的精神，扎扎实实地进行体制创新、机制创新、管理创新、营销创新、科技创新、文化创新、精神文明建设创新七大创新活动。

近年来，全聚德的品牌价值不断提升。2005年1月，北京全聚德烤鸭股份有限公司更名为中国全聚德（集团）股份有限公司。2007年4月，北京著名老字号餐饮企业仿膳饭庄、丰泽园饭店、四川饭店也并入全聚德股份公司。至此，中国全聚德（集团）股份有限公司已发展成为涵盖烧、烤、涮，川、鲁、宫廷、京等多口味，汇聚京城多个餐饮老字号品牌的餐饮联合舰队。

2007年6月28日，在由世界品牌实验室、世界经济论坛召开的世界品牌大会上，全聚德荣获中国500个最具价值品牌称号，排名第56位。在中国餐饮业500强中，全聚德排名中式正餐之首。

◎故事感悟

民族的才是世界的，北京老字号全聚德烤鸭凭借着优良的传承、精湛的工艺、国家的大力支持，已经从中国走向世界，成为中国饮食文化被全世界认知的一条纽带。在这些辉煌的荣誉、成绩背后，我们不能忘记全聚德背后那些兢兢业业、孜孜不倦为其腾飞而艰苦创业的先辈们！

◎史海撷英

全聚德牌匾中"德"字为什么少一横

杨全仁买下"德聚全"的铺子后，将铺子的名字更改为"全聚德"，并请了一位名叫钱子龙的秀才题写匾额。

这块匾额几经风雨，一挂就是100多年。可是，全聚德牌匾上的"德"字却少了一横。这是为什么呢？

有人推测说，当时杨全仁在把钱子龙请来后，两人对饮开怀。由于钱秀才多喝了两杯，精神有些恍惚，一不留心，"德"字就忘写了一横。

还有人说，当时杨全仁刚创业，一共雇了13个伙计，加上自己一共14个人。为了让大家安心干活，同心协力，所以就让钱秀才少写一横，表示大家心上不能横一把"刀"。

当然，以上说法都是传说。其实早在1000多年前，"德"就有两种写法，可以有一横，也可以没一横。比如，现立于北京国子监孔庙的清朝康熙皇帝御书《大学碑》中的"德"字，就缺少一横。

◎文苑拾萃

满汉全席

满汉全席是我国一种具有浓郁民族特色的巨型宴席，既有宫廷菜肴之特色，又有地方风味之精华；既突出了满族菜点的特殊风味，又展示了汉族烹调的特色，扒、炸、炒、熘、烧等兼备，可谓中华菜系文化的瑰宝。

满汉全席原是官场中举办宴会时满人和汉人合坐的一种全席。满汉全席上菜时，一般起码为 108 种（南菜 54 道和北菜 54 道），分三天吃完。

满汉全席中的菜式有咸有甜、有荤有素，取材广泛，用料精细，可以说是山珍海味无所不包。

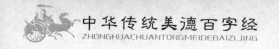

石油会战开采大庆油田

◎忧国者不顾其身，爱民者不罔其上。——《省心录》

> 王进喜（1923—1970），甘肃省玉门县赤金堡人。大庆人的杰出代表，中国石油工人的光辉典范，中国工人阶级的先锋战士，中国共产党人的优秀楷模，中华民族的英雄。他为祖国石油工业的发展和社会主义建设立下了不朽功勋，在创造巨大物质财富的同时，还给我们留下了宝贵的精神财富——铁人精神。

大庆位于黑龙江省肇州县，原来名叫大同镇。1959年底。为了纪念国庆十周年以及松基三井喜喷原油，黑龙江省人民委员会遂将大同镇改名为大庆。从此，中国大地便出现了一个与石油工业紧密相连的闪亮的名字：大庆。

1960年2月20日，中共中央批准石油工业部关于在大庆地区进行石油勘探开发大会战的报告。

在我国的第一个五年计划期间，石油工业部门是唯一一个没有完成计划任务的单位。石油职工们看到首都北京大街上的一辆辆公共汽车顶都背着鼓鼓囊囊的煤气包，心里感到很难过，都憋着一股劲，一定要改变石油工业的落后面貌。

当大庆石油会战设想被提出来后，党中央高度重视。大庆石油会战的报告经中共中央批准后，3万名退伍军人和全国37个石油厂矿、院校的四万多人在萨尔图誓师，从而拉开了石油大会战的序幕。

初春的东北，依然天寒地冻，石油职工们一无房屋，二无床铺，更缺乏必要的机械设备。然而，大庆工人们热情高涨地说："有条件要上，没有条件创造条件也要上！"

就这样，千军万马、人拉肩扛，大庆工人们硬是在荒凉的东北松嫩平原上挖出了一个大庆油田。

在石油会战中，涌现出以王进喜、马德仁等为代表的"五面红旗"。马德仁带领的1202钻井队曾被誉为"石油战线上永不卷刃的尖刀"。王进喜在"宁可少活20年，拼命也要拿下大油田"的誓言下，带领着1205钻井队，创造了只用5天零4个小时就钻完1020米设计井深的最高纪录。在突然发生井喷时，为了保住钻机和设备，王进喜和战友跳进泥浆池，用身体搅拌，被人们称为"铁人"。

就是靠着这种精神，到1960年底，大庆油田基本面积和储量已被探明；1963年，中国终于甩掉了"贫油"的帽子，基本实现了石油自给。

在这之后，大庆油田每年的原油产量都在四五千万吨左右，大约占我国石油总产量的一半，确保了我国的石油供应。而大庆精神，从此也为时代所推崇。

◎故事感悟

江泽民同志曾把大庆精神概括为"为国争光、为民族争气的爱国主义精神，独立自主、自力更生的艰苦创业精神，讲求科学、'三老四严'的求实精神，胸怀全局、为国分忧的奉献精神"。大庆精神是多么可贵，它永远激励着我们后辈艰苦创业、奋发图强，永远是我们中华民族应该继承的宝贵财富！

◎史海撷英

大庆油田的发现

1959年9月25日，我国从东北松辽盆地陆相沉积中找到了工业性油流。因适逢新中国成立十周年国庆，故以"大庆"命名该油田。

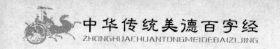

从1960年起，经三年多的努力，勘测人员探明了大庆油田的地质储量并投入开发。同年的12月，周恩来总理庄严宣布：我国需要的石油，现在已经可以基本自给了。中国人民使用"洋油"的时代，即将一去不复返了。

大庆油田的勘探和开发不仅有力地驳斥了"中国贫油论"，展示了石油工业的广阔前景，而且证明了我国独创的石油地质理论（"陆相沉积"生成大油田的理论）的正确性。

◎文苑拾萃

世界冠军要咱当

大地回春练兵忙，磨好刀枪整好装。

只待战令一声下，跃马扬鞭上战场。

庄稼喜雨花朝阳，会战全靠共产党。

中华民族站起来，世界冠军要咱当。

天威人的骄傲

◎将相谁云有种，男儿当自强。——王安石

丁强（1954—），中共党员，经济学硕士、高级经济师。

　　天威保变电器股份有限公司位于河北省保定市，处于"京津石"三角地区中心位置，铁路、公路四通八达，海运、空运更是极具优势。

　　1999年，丁强就任保定天威保变电器股份有限公司董事长兼总经理、党委书记。当时，国内变压器行业竞争非常激烈，世界各大著名电气公司也纷纷涌入中国，谋求更好的空间，从而使中国变压器制造业面临着前所未有的挑战。可以说，那时的天威保变正处于生存与发展的关键时刻。

　　丁强上任后，便以"立足产业报国、铸就世界品牌"为己任，坚持以人为本、自主创新的理念，带领公司3000多名员工经过几年的奋斗与发展，使天威保变成为世界上拥有变压器核心技术最齐全、掌握世界最尖端变压器技术的企业，并且连续多年蝉联单厂产量世界第一。

　　丁强上任后，还为企业制定了三个目标：公司要上市，产品要上三峡工程，要盖22栋员工宿舍楼。这三个目标，在很多人看来是想都不敢想的。然而，丁强提出的这三个目标在2001年全都顺利地实现了。

　　2001年后，丁强又打破很多老国企普遍存在的短期计划的盲目性，制定了天威保变"三步走"的长期规划，将提高自主创新能力作为科学发展的战略基点和调整结构、转变增长方式的中心环节来抓，从而使天威保变走上了

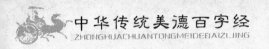

一条科技创新的道路。

为了能够吸引更多的人才到天威保变来，天威保变先后与河北工业大学、清华大学等分别组建了"热土研究所"和"清华天威电工技术研究所"，并吸引了多名教授、博士、硕士等参与到产品的研发当中，实现了双方的优势互补。

2006年10月9日，59个国家和地区的千余名生产力理论和实践者，参加了在辽宁省沈阳市召开的第十四届世界生产力大会。会上，天威产品被推选为"2006世界市场中国（电气）十大年度品牌"，而天威的领头人丁强也荣膺"2006年推动中国品牌国际化50人"的光荣称号。

2006年9月28日，天威集团隆重召开"十五"期间自主创新成果表彰大会。会上，天威有16项自主创新成果和15名"自主创新标兵"受到了隆重的表彰。

丁强认为，人才是一个企业发展和进步最宝贵的，也是生产力要素中最积极、最活跃、最具决定作用的要素。在丁强看来，在经济全球化带来的机遇与挑战当中，谁能拥有人才，谁就拥有了发展的不懈动力，谁也就拥有了强大的市场竞争力和市场主动权，谁就能真正拥有财富。只要企业培育造就了多层次、多类型创新的人才队伍，就能够保持企业长期繁荣和发展。

基于这一点认识，丁强经常鼓励员工要树立"终身学习"的理念，以学习提升自身素质和产品创新能力。同时，天威保变也十分重视人才培养，先后派出600多人次到国外进行技术培训和考察，还不断与日立、德国西门子、ABB等国际知名企业进行技术引进与交流，并与清华大学、西安交通大学等高等院校和中科院电工所等科研机构联合培养高技术拔尖人才。

天威保变还经常在企业内部通过岗位学习、脱产培训、技术练兵、继续教育、轮岗锻炼、团队训练等卓有成效的形式，积极提高员工的整体技术和文化素质，从而培养出了一大批高中级人才与优秀的技工队伍，实施知识产权战略，鼓励科研创新，将企业带上了一条发展进步的快车道。

在天威保变科技人员的聪明才智完全可以在一种宽松、适宜和有序竞争的政策与人文环境中得以充分发挥。制造工人不仅可以按图纸生产产品，还可以就图纸提出自己的见解以及修改意见，这样就避免了设计与制造的脱节，将公司、部门与车间三级质量保证体系细化到每一个工序。

丁强常说，一个好的设计队伍，一个好的制造队伍，加上一个好的制度，便可以保证产品的高质量，这也是天威保变可以争做世界最好的输变电企业的坚实基础。

◎故事感悟

给一个企业带来新局面，需要新思想、新方法、新理念。丁强在天威集团大刀阔斧的改革让我们看到了一个与原来截然不同的天威保变，我们也拭目以待，天威保变能否再创佳绩，成为全国最大新能源基地。

◎史海撷英

红色之城保定

河北省保定市被称为红色之城，是因为保定人民一直都有着光荣的革命斗争传统。

保定市阜平县曾建立我国北方第一个红色政权——中华苏维埃阜平县政府。抗日战争时期，这里还建立了中国第一个敌后抗日民主根据地，被誉为"模范根据地的模范县"。这一时期，阜平为中共中央北方局、晋察冀边区和军区司令部所在地。毛泽东主席曾亲笔题词"抗日模范根据地"。也正因为如此，才在中国现代文学史上诞生了以著名作家孙犁为代表的荷花淀派保定作家群。

在中国文学史上，《荷花淀》、《红旗谱》、《小兵张嘎》、《敌后武工队》、《青春之歌》、《野火春风斗古城》、《地道战》、《狼牙山五壮士》、《烈火金刚》》、《少年英雄王二小》等著名电影、文学作品，都与保定的名字一同享誉海内外，激励着一代又一代的中国人。

如今，保定建有三处全国爱国主义教育基地和五处国家级红色经典景区。

◎文苑拾萃

长江三峡水利枢纽工程

长江三峡水利枢纽工程，简称三峡工程，是中国长江中上游段建设的大型水利工程项目。

三峡工程分布在我国重庆市到湖北省宜昌市的长江干流上，大坝位于西陵峡内的宜昌市夷陵区三斗坪，并和其下游不远的葛洲坝水电站形成梯级调度电站。

三峡水利枢纽工程是世界上规模最大的水电站，也是新中国有史以来建设的最大型的工程项目。

"三步跨十年"的奇迹

◎自立进取乃人生第一义，万不可自弃者也。——康有为

> 冯诗伟，教授级高级工程师。1967年9月参加工作，历任兰州铝厂技术员、车间主任、厂工会主席、副厂长、厂长、党委书记。

在我国，兰州铝厂是一所重工业企业，也是有色金属冶炼行业大型企业。20世纪90年代末期，兰州铝厂由于技术落后，机制、观念等不能适应改革开放的需要，被国家下令限期整改。

1997年2月，冯诗伟接任兰州铝厂厂长。当时，兰州铝厂亏损额已经高达8935万元。在内外交困、职工队伍一度出现思想波动的形势下，冯诗伟勇担重任，带领一班人马知难而进，提出"调整、改制、创新、发展"的战略方针，高瞻远瞩地制定了"三步走"发展战略。

第一步，即从1997年到1999年，通过兼并重组和股份制改造，实现企业扭亏脱困目标。

第二步，即从2000年到2002年，通过股票上市、技改项目建设、千人转岗分流、企业整体改制，为企业发展奠定坚实的基础，从而保证企业的综合产能超过30万吨、资产总额超过30亿元、销售收入超过30亿元。

第三步，即从2003年开始，在3~5年时间内，加大投资力度，扩大企业生产规模，探索跨行业经营，实现"电、冶、加"一体化经营，从而将企业发展成为综合产能超过80万吨、销售收入超过100亿元、资产总额超过100亿

元的大型工业化企业。

冯诗伟提出的企业"三步走"发展战略,切合企业的实际情况,也反映了广大职工的共同心愿。从1997年开始,在冯诗伟的带领下,经过全厂上线的顽强拼搏,兰州铝业如期实现了企业各阶段奋斗目标,取得了多项骄人业绩。

实践也证明,相当于企业"十年规划"的"三步走"发展战略,不仅科学地规划了兰州铝厂的奋斗目标,而且正确地指引了企业的各项改革措施,为兰州铝厂步入良性循环发展轨道发挥了积极作用。

冯诗伟不仅是一位优秀的企业管理者,更是一名出色的技术专家。在他的主持下,兰州铝厂完成了"铝电解集散式微机控制系统"。这一系统采用了先进的集散式控制技术,选用进口的可编程控制器,实现了槽温、电流、电压的自动化控制,在全厂上下556台电解槽推广应用后,年创直接经济效益达400多万元,从而获得甘肃省科技进步二等奖。

在冯诗伟主持下,兰州铝厂还完成了"侧插自焙铝电解新型阳极糊研制与应用"项目,科研组有针对性地在阳极糊添加剂、沥青配比和骨料配方方面进行了综合研究,先后研制开发出氟化铝阳极糊、28%沥青含量阳极糊、26%沥青含量阳极糊等系列产品。这一成果属国家首创,技术水平更是居国内领先地位,从而获得甘肃省科技进步三等奖。

冯诗伟主持完成的"侧插自焙铝电解槽干法净化技术创新与应用"成果,1998年还获得了原有色金属兰州公司科技进步一等奖,1999年又获得了甘肃省科技进步二等奖。

进入新世纪以来,针对企业原自焙铝电解槽能耗高、污染严重、被国家纳入限期治理之列的现状,冯诗伟又提出运用高新技术改造传统铝冶炼产业的发展思路,极大地提升了兰铝的工艺技术及装备水平,在甘肃省率先运用高新技术改造传统铝冶炼产业。

1997年,新一届领导班子上任。在冯诗伟的提议下,经职代会讨论通过了《全心全意依靠职工办企业实施细则》;同年,当兰州铝业准备兼并比自己人数更多、所处地点更偏僻、亏损严重的西北铝加工厂时,刚开始职工们都感到不理解，冯诗伟便将实际情况悉数告诉给全体职工，让职工们就兼并的利弊充分讨论之后，又在全厂开展了千人问卷调查，最终兼并谋略经职代会讨论全票通过，随后才付诸实施。

实践证明，这是一次真正有市场意义的、非常成功的大兼并，兰州铝业从中也获得了宝贵的发展机遇和广阔的发展空间。而被兼并企业，也因此走上了振兴和发展的道路。

2007年5月，冯诗伟离开了兰州铝业，开始担任中国铝业公司专家咨询委员会委员。此时，正值兰州铝业总公司重大战略转变——着手打造多金属国际化矿业公司的重要发展阶段，为此，冯诗伟每天坚持学习，努力提高自己，不断加强自身建设，主动适应新形势、新任务的要求。还在自己的工作领域内不断提出各种意见，为总公司的发展出谋划策，充分发挥了参谋、智囊作用。

◎故事感悟

冯诗伟构筑企业"十年规划"的"三步走"发展战略，不仅科学规划了企业的奋斗目标，而且正确指引了企业的各项改革，为企业步入良性循环的发展轨道乃至近年来的持续快速发展发挥了积极作用。

◎史海撷英

古丝绸重镇兰州

兰州是古代丝绸之路上的重镇。早在5000多年前，人类就在这里繁衍生息。西汉时期，开始在兰州设立县治，因取"金城汤池"之意，将其称为金城。隋朝初年，改置兰州总管府，始称兰州。

自汉代至唐、宋时期，随着丝绸之路的开通，出现了丝绸西去、天马东来的盛况，兰州也逐渐成为丝绸之路的交通要道和商埠重镇，也是联系西域少数民族的重要都会和纽带，在沟通和促进中西经济文化交流方面发挥了重要的作用。

古丝绸之路的开通，使兰州留下了众多的名胜古迹和灿烂的文化，从而吸引了大批中外游客前来观光旅游，使兰州成为横跨2000千米，连接敦煌莫高窟、天水麦积山、张掖大佛寺、永靖炳灵寺、夏河拉卜楞寺等著名景点的丝绸之路的旅游中心。

随着新欧亚大陆桥的开通，尤其是西部大开发战略的实施，重新构筑起现代的丝绸之路，兰州作为我国东西合作交流和通往中亚、西亚、中东、欧洲的重要通道，战略地位更加突出，日益发挥着承东启西、联南济北的重要作用。

◎文苑拾萃

铝镁合金

铝镁合金一般主要元素是铝，再掺入少量的镁或是其他的金属材料来加强其硬度。因本身就是铝合金，其耐久度、耐腐蚀性、强度、导热性能尤为突出。铝镁合金质坚量轻、密度低、散热性较好、抗压性较强，其硬度是传统塑料的数倍，但重量仅为后者的三分之一。

中国"铜加工业巨人"

◎君子但尽人事，不计天命，而天命即在人事之
中。——申居郧

冯海良（1960—），汉族，浙江省诸暨人，历任海亮集团有限公司董事局主席、
中国有色金属工业协会理事、中国有色金属加工工业协会副理事长、浙江省民营科技
实业家协会理事会副理事长。

1989年8月，冯海良创办了海亮集团有限公司，集团总部位于浙江省诸
暨市。2007年，该公司被评为"中国企业500强"，"中国最具竞争力民营企
业50强"。

20世纪80年代末，神州大地涌动着市场经济的滚滚洪流。1989年底，目
光敏锐的冯海良从刚刚兴起的店口五金行业中看到了商机。他审时度势，把
握机遇，毅然辞去了供销社经理的工作，筹集了16.5万元的资金，办起了诸
暨县铜材厂（今海亮集团有限公司前身，以下简称海亮）。

刚刚创办起来的诸暨县铜材厂，是一个作坊式的小加工厂，既没有资源
优势，也没什么政策扶持，产品档次低，技术短缺，资金不足，生产经营活
动更是捉襟见肘。

作为创办人的冯海良，白天跑采购进原料抓生产，晚上找来财税、法律、
有色金属等方面的书籍，抓紧一切时间学习。不能理解的地方，他就虚心向
别人请教；对于别人提出的批评意见，他也认真听取，然后潜心分析研究。

很快，冯海良就成为厂里真正的"舵手"和铜材加工领域的行家。在他的带领下，企业规模迅速扩大，很快便成为诸暨铜加工行业的小"龙头"。

经过两三年的发展，工厂的规模日益发展壮大，周边市场也基本达到了饱和。如何拓展外地业务，寻找新的发展空间，成为海亮必须面对的问题。

为了节约费用，掌握第一手市场信息，冯海良常常往返于大江南北大小工厂，千方百计地推介自己的产品。在冯海良的不懈努力下，许多大企业的领导被感动了，他们开始转变对民营企业的认识，与冯海良的企业建立起了广泛的业务关系。而海亮也因为企业信誉好，产品价格合理，服务到位，赢得越来越多客户的信赖，产品的销路也变得日益通畅起来。

1998年，冯海良开始进行大规模的并购扩张。经过充分调研和论证，冯海良发现，市场萧条期大量"关停并转"的中小型铜加工企业都是由于缺技术、少资金而处于"休眠休克"状态。冯海良大胆决策，对这些企业实施兼并收购，然后再进行整体嫁接移植，统一用海亮文化加以整合，用海亮管理模式进行指导，用海亮技术和工艺进行装备。

当时，浙江省东阳的一个全国知名企业要出售，冯海良以90万元购得一套先进设备。与此同时，桐乡一家铜管厂的全套生产设备较好，但由于市场和技术的原因想卖掉，冯海良考虑到土地、厂房的售价以及今后市场的变化，提出了"设备买下、厂房租用"的思路，大大节省了海亮的运营成本，同时还降低了风险。

1999年上半年，上虞铜材有限公司经营出现严重困难，冯海良获悉这一情况后，亲自前往考察，迅速作出了租用该企业的决策，再次实现了低成本扩张。

冯海良就是在不断兼并企业，扩大生产能力，通过一次次的并购，借力发力，壮大了海亮集团的经营实力。至此，一个跨区域的铜材大企业初具雏形。

　　为了满足日益"挑剔"的市场需求，加快新产品研发，创建属于海亮自己的品牌，1999年，冯海良成立了浙江海亮铜加工研究所，专门为海亮集团研发新产品。冯海良还积极组织技术人员，着手开发覆塑铜水管、空心连铸铜水管等水暖器材，一举打破日本、韩国企业在东南亚市场的垄断地位，一些国际知名水暖卫浴洁具公司也相继成为海亮的客户；内螺纹铜管模具的研制成功，改变了我国内螺纹高档铜盘管依赖进口的被动局面。

　　从此，海亮彻底摆脱了"大路货"，走上了"高精尖"品牌的发展道路，不仅占据了国内市场的高端产品位置，产品还批量出口国际市场。冯海良所期盼的行业龙头地位由此得到了巩固。

　　随着海亮规模迅速扩大，产值利税大幅增加，行业地位直线提升，品牌声誉远播，企业走上了快速发展轨道。此时的冯海良，更是表现出了一个企业家所特有的战略敏感。别人都在忙着要产量，他却把注意力投向质量。

　　冯海良认为，质量是企业发展的根基。无论什么时候，根基坏了，多高的大厦都有坍塌的危险。有一次，冯海良到国内一家知名大企业拜访客户，听取信息反馈。在总经理的办公室，那位客户诡秘地笑着说："你终于被我们给抓住了。"

　　原来，海亮公司提供的两根铜管在生产过程中检出有"泄漏"，按照规定，得接受质量处罚。结果按照"行规"，海亮被处罚4000元。

　　这虽然是一件小事，但对于善于总结规律，透过现象把握本质的冯海良来说，却是一件"大事"。

　　为了解决企业产品的质量问题，冯海良成立了QC小组，并亲自上阵抓质量工作，努力改进和完善产品品质。公司先后被评为全国用户满意企业、全国质量效益型先进企业。

　　随着中国加入世贸组织，为了让更多的海亮产品走向世界，2002年，冯海良在公司内部成立了外贸部。2004年，冯海良又对外贸部进行改组，成立了浙江海亮国际贸易有限公司，划分亚洲、欧洲、北美、中东、大洋州等销售区域，采用分区域市场拓展模式。为了拓展外贸业务渠道，冯海良先后派人赴意大利、美国、德国、俄罗斯、迪拜等国家和地区参展，增加了许多贸易机会，从而扩大了海亮公司产品和企业的国际知名度。

2008年1月16日，中国证券市场新股首发上市第一股花落海亮，标志着海亮从此正式走向资本市场了。

冯海良认为，在企业发展过程中，3~5年的企业靠老板的胆识和魄力，5~10年的企业靠市场机遇，10年以上的企业靠团队精神，而20年以上的企业则必须靠文化战略。纵观世界百年企业，积淀下来的无非就是文化。因此，冯海良深悟为企之精髓，他居安思危，以创建"百年海亮"的战略眼光审视企业文化建设，要把"虚"的做"实"，把"实"的做"活"，把"无形"的"有形化"，"有形"的"人性化"。通过强化人本文化、品牌文化和制度文化建设，构筑大企业大文化体系，以海纳百川的气概，兼容并包广纳人才，实现海亮文化的主流发展和多元发展，建设企业长远发展的基础平台，并通过优秀企业文化的传承用创新精神武装员工头脑，以充满创新思维的团队打造"百年海亮"的优秀品牌。

"诚信经营，从我做起"，冯海良在全国民企中率先为诚信订立制度，出台了《应付账款管理办法》等管理制度，深受用户的好评，并被全国二十多家媒体先后报道。诚信，既是冯海良的经营理念，更是海亮企业品牌快速传播、成为知名品牌的保证。

多年的艰苦创业和奋力拼搏，冯海良也赢得了众多荣誉，先后被评为中国经营大师、中国优秀民营科技企业家、全国乡镇企业家、中国民营企业杰出代表、2002年度中国有色金属加工业突出贡献人物、2003年度中国有色行业有影响力人物、浙江省创业企业家、浙江省劳模、浙江省民营经济功勋人物等，被推荐为国际铜加工协会董事会董事、中国有色金属工业协会理事、中国有色金属加工工业协会副理事长、中国铜加工发展中心副理事长、浙江省企业联合会副会长、浙江省经营管理研究会副会长、浙江省民营科技实业家协会理事会副理事长等。

而冯海良所用心经营的海亮集团，也在同行业中取得了骄人的业绩。2001年，海亮荣登"中国有色金属最大经营规模乡镇企业100家"榜首；2002年，海亮全年铜加工材总产量达到12万吨，成为中国历史上首家年产量突破10万吨的铜加工企业；2004年，海亮发展成为国内最大的铜管、铜棒生产供应基地之一；2006年，海亮在中国500强企业中排名第186位。

与此同时，海亮还先后被评为国家重点高新技术企业、国家行业标准起草单位、全国用户满意企业、全国重合同守信用单位、全国安康杯竞赛优胜企业、全国模范劳动关系和谐企业、浙江省人民政府"五个一批"重点骨干企业、浙江省冶金行业十佳优秀单位、浙江省行业最大贡献企业、浙江省诚信示范企业、浙江省经营管理示范单位、中国农业银行浙江省分行黄金客户和百佳信用企业等。

心有多大，胸怀有多广，舞台就有多宽。冯海良的眼中是世界，心中装满了全球的铜，他的目标是做世界"铜加工业巨人"。

◎故事感悟

　　冯海良在艰苦创业过程中力排万难，不怕苦、不怕累，在获得诸多荣誉的同时也造福了一方百姓，这些荣誉对于冯海良来说，他当之无愧！他的创业精神令人钦佩！

◎文苑拾萃

中国有色金属工业协会

中国有色金属工业协会正式成立于 2001 年 4 月，是经国务院主管机关批准并核准登记注册的全国性、非营利性、行业性的经济类社会组织，是依法成立的社会团体法人。

中国有色金属工业协会坚持党的基本路线，遵守宪法、法律、法规和国家政策；坚持为政府、为企业、为行业服务的宗旨，建立和完善行业自律机制；在国家宏观调控指导下，逐步实现行业自我管理；充分发挥政府参谋助手作用，发挥政府与企业之间的桥梁纽带作用，开展国际合作与交流，推动我国有色金属工业持续、稳定、健康发展。

做一流的投资项目

◎重任，必强脊脊之人乃能胜。——《二程集》

王会生（1956—），黑龙江省人，高级工程师。历任国家计委投资司处长，国家开发银行综合计划局副局长，国家开发投资公司综合计划部主任、总经理助理兼综合计划部主任、总工程师兼综合计划部主任，国家开发投资公司副总经理、党组成员，国家开发投资公司总裁、党组书记，兼任中国投资协会副会长、国有投资公司委员会会长。

1995年5月5日，国家开发投资公司正式成立了。如今，国家开发投资公司已经发展成为我国最大的国有投资控股公司和53家骨干中央企业之一。公司刚刚成立时，就走上了一条不断改革探索的发展之路。

2003年1月23日，46岁的王会生从前任总裁王文泽的肩上，接过了这家中央直属企业的重担。

当时，素有"国投创业元老"之称的王文泽认为，自己担任国投主要领导已经八年，很难再超越自我了，延续下去，公司的创新开拓必然会受到阻碍。因此，从1998年起，他就开始选择能够担此大任的接班人。

王会生是内部选拔出来的。自国投组建开始，从综合计划部主任到总经理助理、总工程师，直到到副总经理，王会生一步一个脚印地用心工作，在国投三次大的改革中发挥了重要的领导作用，也显示出了统领全局的领导才能。

王会生刚上任时，国有投资公司已经具有一定的基础了。漫长的结构调整，也为公司积蓄了能量，员工们都"憋着一股劲儿"想有所作为，大家都在看着王会生能不能带给国投新的生机。

勇于承担、争当一流的性格，让刚刚上任的王会生感到这既是个挑战，又是个机会。他不仅要让国家投资开发公司发展起来，还要将其打造成为国内一流的投资控股公司。

2003年5月，"非典"刚过，王会生便不负众望，提出自己的经营战略。他提出"二次创业、振兴国投、加快发展"的提议，并制定了公司未来五年的发展规划和十年的发展设想。也就是通过十年努力，使公司的有效资产和利润比2002年翻两番。

在公司内部凝聚发展动力的同时，公司外部也遇到了重大的改革契机。当时，国资委挂牌，国企改革正开始迈入深水区。

"三年之内央企要做到行业排头兵！""央企老总不在状态就换人！"刚刚上任的国资委主任李荣融的要求掷地有声。就是在这个节骨眼上，王会生接下了国投这副重担。

王会生认为："由于国投的特殊性，无论在哪个产业都不可能、也没必要做到第一，要获得中央有关部委的认可和支持，关键是必须探索出适应投资控股公司的发展模式。"他发现，国资委正在研究的淡马锡模式和国投的性质很相似，为什么不让国投来承担这个实验和探索的任务呢？

为此，王会生不怕辛苦，精心准备了汇报材料，亲自前往国资委各部门、国家发改委、财政部等政府部门，从处长到司长，再到有关领导，向他们一一介绍了公司八年来工作的体会以及未来的发展设想，并虚心听取他们的意见和建议。

国资委肯定了国家投资公司在这些方面的工作，并认可了国投作为国家投资控股公司的组织结构和发展模式。此后，王会生带领国投一直坚持"积极支持，密切配合，加强沟通，争取支持"的方针，与国资委、发改委、财政部的工作关系一直都非常融洽。

国投的独特性曾经给它的发展带来过阻碍，但自从王会生接手后，这个独特性不但没有成为弱势，反而被发扬光大，成为一种独特的优势，成为国家调整产业结构、布局产业发展的最佳执行者，并最终使国投发展成为国有企业的典范。

十几年来，国投共退出570多个项目，回收资金58亿元。王会生觉得，必须慎重地对国投进行研究与决策：市场有机遇，也有诱惑，更有陷阱，千万不能随便产生投资冲动，必须防止饥不择食，草率行事。国投必须"有所不为，才能有所为"，不能再走滥铺摊子的老路。这是王会生上任之前就思考成熟的问题。

王会生发现，国投原来是以实业为主的，能够称得上国内一流的投资项目较少。而国投要想快速稳健地发展，实现自己十年让公司资产翻两番的目标，光靠实业投资是远远不够的，还必须具备金融手段和资产处置手段。这样，才可以增加融资能力，消化掉不良资产，增强经济实力和市场竞争力。

于是，王会生提出了"三足鼎立"的发展战略：作为一个完整的投资控股公司其功能要完善，即实业、服务业、国有资产经营等业务功能相互依托，互为融通，实现三者有机、高效运营。

王会生认为，没有实业，就不能体现公司的实力，也就不能创造稳定的现金流；没有金融为龙头的服务业，实业就不能得到有力的支持。因此，必须把产业投资与资本市场顺畅地连接起来，借助金融工具的平台和手段。

基于这一判断，国投作出了将电力、煤炭、港航、化肥四个基础性、资源性行业、高科技产业作为公司实业长期稳定和长远发展的基础和重点；将金融、投资咨询和资产管理业务等服务业作为公司整体发展的重要支撑。同时，基于国有投资控股公司结构调整和投资导向的功能性作用，将国有资产经营作为"三足鼎立"中重要的"一足"。

王会生经过认真研究，对国家产业规划、布局烂熟于心，因而每每出手，都会有惊喜，从而令人不得不佩服他的战略眼光。

王会生说："做投资，选项目，大方向不能错，方向对了，稳步推进，一般不会出现大问题；方向错了，不管速度如何，都会出问题、走弯路。只要把

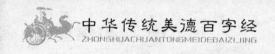

好投资大方向，即使走得慢，也不要紧。"

王会生认为，中国经济今后相当长的一个时期内，仍将处于飞速发展的阶段。巨大的发展潜力，宏观上也为国投提供了战略投资机会。因此王会生强调："不符合国家产业政策方向，效益再好也不做"，"一流的投资控股公司是通过一流的投资项目来体现的，国家开发投资公司是国家的大公司，大公司就要有大战略，要围绕国家重点发展产业选择投资项目，要搞一些对国民经济有重大影响的项目，尤其是基础性、资源性、关系国计民生的大项目。如大化肥、运煤三通道、电力、煤炭和港口等。这些都是目前国民经济持续健康发展最急需的项目，虽然投资周期比较长，但长期看投资效益是有保障的。"

2005年11月12日，世界第一高坝在雅砻江锦屏一级水电站开工建设。这一项目标志着，总装机容量相当于1.5个三峡电站、投资超过1400亿元、规划建设21座梯级水电站的雅砻江水能开发拉开了帷幕。业内专家指出，雅砻江梯级开发工程预计将是四川省百万千瓦级水电站中经济效益最好、动迁人口最少的水电站。

市场经济属于稀缺经济，价值规律决定资源总是在行业部门内不均匀地流动，要很好地谋划企业发展，就必须要全面发掘资源，抓住市场稍纵即逝的机会。

早在2004年，国家就曾对曹妃甸港作出了发展规划，曹妃甸煤炭专用码头将作为分流大秦铁路扩能增量和拟建中的"西煤东运"第三通道的下水港。但是，任何投资都是有风险的。经多次研究，大多数投资者开始怀疑这个第三通道究竟什么时候才能建成，许多研究报告无果而终。

然而，正在寻找当家项目的王会生却凭着一种投资直觉，感到这是一个千载难逢的机会。于是，王会生迅速作出决断，要求国投交通公司"必须在一周之内把曹妃甸煤码头公司注册下来"！事实证明，这个决断非常及时而准确。

对农民怀有浓厚情感的王会生，非常清楚化肥对于农业发展的重要作用。

他说：中国最大的问题是农业问题，农业问题主要是如何解决粮食增产、农民增收的问题，钾肥是我国农作物生产的基础肥料，而土地缺钾已成为制约农业发展的"瓶颈"之一，幅员辽阔的中国是一个钾资源严重缺乏的国家。从这个角度讲，钾肥正是国家需要的大项目，符合国投的主业定位。

王会生曾经到过著名的死亡之海——罗布泊进行深入考察。他发现，罗布泊的钾盐产品具有较强的价格优势：依靠建立在资源、技术、规模基础上的成本和质量优势，罗布泊钾盐的潜在经济价值达8000亿~10000亿元，可开发30~100年。罗布泊的钾盐开发，将彻底改变我国钾盐长期依赖进口的局面。

面对这样一个千载难逢的好项目，王会生的选择是："加快开发！"

2004年11月19日，国投一次性出资3.58亿元，取得罗布泊钾盐这块"皇冠上的明珠"。

近年来，王会生又瞄准煤化工项目。在他看来，中国缺乏石油意味着石油替代有着巨大商机，他又想到了国投的强项：煤。

当时恰逢国家发改委作煤化工的规划，河南"十一五"规划希望建成煤化工基地，三者一拍即合。于是，在很多企业纷纷寻找同类项目之时，国投又一次抢占了先机。

就这样，国投公司在发展过程中，充分发挥了自身在资本运营和管理方面的优势，用了近200亿元的国有资本引导和带动超过2000亿元的资金进入国家鼓励发展的经济领域。用一流的标准，打造了从电力到煤炭、从港口到高新技术产业等领域诸多"国内一流"、"全国最大"的标杆企业和优势企业，从而使自己的总资产发展超过1000亿，而项目个数却缩减到过去的十分之一。

2006年，国投被中宣部、国资委确定为当年的全国国有企业典型，理由是："在贯彻落实科学发展观、推进现代企业制度建设、坚持走自主创新发展道路、精心打造民族品牌、实施走出去战略、创新发展模式、实施管理创新和资本有效经营、建设资源节约型企业等方面成效明显。"

不谋万世，不足以谋全局；不谋全局，不足以谋一域。王会生清醒地认识到，国投公司拥有的今天，即将成为过去，面对未来，国投更加需要战略眼

光和创新的方法。

为此，国投建立了研究中心，逐步从当前的课题研究拓展到中长期的产业趋势分析、周期性影响以及战略选择等重大课题的调研，为整个国投集团的发展服务，也为中国投资业的发展甚至政府在某些领域的发展提供咨询服务。

在这个基础上，国投开始制定从2007年到2012年、从2013年到2017年两个五年规划的战略。王会生展望道："我想可以这么讲，原来我们是2003年到2007年是实的，2007年到2013年是虚的，那么现在我们把2007年到2013变成实的，2013年到2017年变成虚的，不断地去循环我们这种规划和设想。"

◎故事感悟

国家开发投资公司在王会生执掌下演绎了二次创业的奇迹。从国投揭开牌匾那一天起，王会生一直伴随国投走过了十年，并将自己与国投发展捆在一起。在他的努力下，国投发展了，公司做大做强了！王会生无愧于国家，更无愧于国投员工。他的艰苦创业精神正在发扬光大。

◎史海撷英

国家开发投资公司

国家开发投资公司成立于1995年5月5日，是我国目前最大的国有投资控股公司和53家中央骨干企业之一，员工总数6万多人，注册资本金184亿元人民币，总资产1758亿元人民币，所有者权益564亿元人民币。

2008年，公司经营收入达421亿元人民币，进出口贸易总额超过12亿美元；实现利润50亿元人民币，扣除因电煤价格和售电价格倒挂造成的"政策性亏损"，同比增长30%。在国务院国资委年度业绩考核中，连续四年获得A级，并成为任期考核"业绩优秀企业"。

2010年，公司资产规模达到2300亿元，实现利润50亿元。公司在央企第一方阵的地位更加稳固，主要业务板块的规模、实力都跃上了一个新的台阶，并在各自行业内占据重要地位。

◎文苑拾萃

中国国际经济交流中心

中国国际经济交流中心是经中华人民共和国政府批准成立的国际性经济研究、交流和咨询服务机构，是集中经济研究领域高端人才并广泛联系各方面经济研究力量的综合性社团组织。

中心由国家发展和改革委员会主管，经国家民政部登记注册。在 2009 年 3 月 20 日召开的第一届理事会上，曾培炎当选为理事长。

兵团人的开拓精神

◎人生在世，事业为重。一息尚存，绝不松劲。东风
得势，时代更新，趁此机，奋勇前进。——吴玉章

> 孙月生（1949—），汉族，山东省曹县人，曾任新疆生产建设兵团农六师101团团长，现任中华联合财产保险公司党委副书记、总经理。

中华联合财产保险公司前身为新疆生产建设兵团财产保险公司，创建于1986年，是新中国成立后第二家具有法人资格的保险公司，也是全国首家以"中华"冠名的全国性保险公司。

2002年9月20日，是令所有中华保险人为之兴奋的日子，这一天，国务院批准新疆生产建设兵团财产保险公司更名为中华联合财产保险公司。从西北一隅的新疆到幅员辽阔的整个中华大地，公司名称的变迁，折射出了公司稳健发展的前进步伐。

中华联合财产保险公司总经理孙月生是个地道的山东大汉，早年响应国家号召支边来到新疆。经过三十多年兵团生活的磨炼，孙月生吸取了兵团的传统文化和过硬作风。

1997年以前，孙月生曾在兵团农场担任过多年的党委书记，主管过工业、农业和商业，1997年出任兵团保险公司主要领导。在中华保险十年发展过程中，孙月东不仅完成了公司的更名、业务的重新整合、股份制改革等工作，而且还以西部人独有的敢闯、敢干的精神，在短短的几年中便带领公司成功地走出兵团、走出新疆、走向全国，并在全国25个省、市、自治区设立了1600多家分支机构，一跃成为全国性的现代金融保险集团。

新疆生产建设兵团财产保险公司，在成立后的十余年中，主要依靠新疆兵团的保护伞，固守着兵团的经济圈，靠着兵团范围内农业保险的垄断优势维持着生存。然而，由于刚刚创业时缺乏竞争意识，领导之间不够团结，员工队伍比较松散，缺乏发展动力，公司难以适应市场需要，经营举步维艰，几乎处于濒临倒闭的边缘。

1997年，原兵团农六师101团团长孙月生出任主要领导，担起了新疆兵团保险公司的重任。上任以后，孙月生才发现这个保险公司是个"问题企业"：人心涣散，领导班子不团结，员工不用心工作，上班时打牌炒股随处可见……

面对这样一个危机四伏的企业，孙月生没有灰心，而是保持着清醒的头脑和敏锐的洞察力。尽管当时他还不懂保险的具体业务，但他深信，企业管理的道理是相通的。孙月生积极调研，群策群力，谋求发展改革的道路，坚持用发展和改革的办法来解决公司存在的问题。一年以后，公司运营逐渐走上正轨。

孙月生高瞻远瞩，认识到经营区域的限制给公司发展带来的阻碍，因此他首先拉开了"新疆大战"的序幕。

2000年，中国保监会成立后第一次在京外召开全国会议，新疆兵团保险公司主动请缨，协助保监会在新疆办会，以此让监管部门和保险业同行了解企业。

这次会议，新疆兵团保险公司井井有条的管理和员工良好的精神面貌给保监会的领导和保险业同行留下了很好的印象，也为公司突破区域限制带来了机会。

经过不懈努力，2002年7月，"兵保"终于获得批准，将经营区域拓展到自治区，并更名为新疆兵团财产保险公司。随后，公司迅速在全疆各地州市（县）建起了15家分公司以及158家支公司。

经过四年的努力经营，公司在新疆区内站稳了脚跟，业务也稳定增长，效益也日渐突出，员工们的收入水平在当地排在前列。

然而，此时的孙月生又说出了自己的另一打算：要想使公司发展壮大，就必须乘胜前进，走出新疆，走向全国。

孙月生的心里装着一个宏伟的目标——把公司建设成为一个现代化一流的金融保险集团。这个思路在当时看来似乎非常遥远，甚至是不切实际的。

2001年，正当中国保险市场风起云涌的时候，孙月生抓住了中国入世后三年的缓冲期，保险市场对外逐步全面开放，保监会大力扶持民族保险业发展的有力时机，大胆提出"走出新疆、走向全国"的扩张经营战略决策，决定"东进南扩"，将公司的业务扩展到内地去。这一次，孙月生决定到竞争最激烈的东部沿海地区拓展公司业务。

2002年9月16日，公司在新疆以外的第一个分公司——杭州分公司正式成立，标志着公司走向全国的"东进南扩"计划正式启动。尽管市场竞争激烈，但孙月生并不把将这种竞争放在眼里，硬是在竞争激烈的保险市场打下了中华保险的一片天地。

此后，中华保险开始驶入快速发展的轨道。短短的几年时间内，公司在内地25个省市、计划单列市设立了22家省级分公司。新开业的公司以饱满的激情和艰辛的汗水，克服重重困难，在不长的创业期取得了同业若干年都难以达到的市场地位。

2002年9月20日，国务院批准新疆兵团财产保险公司更名为中华联合财产保险公司。捧着那份批准文件，孙月生闪动着激动的泪花。事实证明，只要能想到，只要努力做，就会有收获。

2004年9月20日，中华联合财产保险公司的股份制改制方案几经国务院相关部委的审核，并报国务院同意，由中国保监会批准正式实施。公司股份制改革的架构是成立保险控股公司，下设财产保险、人寿保险两家具有独立法人资格的子公司，金融集团的雏形开始形成。

2005年，公司突破了百亿元的保费后，又迎来关键时期。这时，不仅业内外很多人都关注着这个企业，就是中华保险自身也有一个重新定位和调整适应的过程。为此，公司党委提出"引领发展、主动发展"的思路。

2006年6月11日，中华联合保险控股股份有限公司正式挂牌成立，这也标志着中华保险公司向建设金融保险集团迈出了实质性的一步，对于整个公司的发展来说，这无疑又是一次不错的机遇，使公司生存与发展空间进一步扩大。通过股份制改革，公司的市场竞争能力与整体综合实力都大大增强，各项工作也跃上了一个新的台阶。

中华保险公司的一系列改革，都是一项前无古人的事业，因为没有现成的经验和模式可以借鉴，完全需要睿智果断的决策和科学务实的措施。而孙月生恰恰是个具备较强组织领导能力和协调能力的领导者，他善于正确地分析市场形势，把握时代发展的机遇，在企业发展过程中不断制定走向全国、成功更名、体制改革三大战略部署，积极稳妥地推进企业业务发展、机构建设、股份制改革三项中心工作，最终使一家名不见经传的西部小公司迅速成长为一个声誉鹊起的全国性保险公司。

面对辉煌的战绩，孙月生并没有满足，而是将目光投向了更长远的未来：中华保险将建成一个业务具有规模、治理结构完善、管理机制科学、偿付能力充足、经营效益良好、综合竞争力较强、充满生机活力的现代金融保险集团。

◎故事感悟

　　短短几年时间内，孙月生的中华联合财产保险公司从小到大，由弱到强，在全国保险市场占据了一席之地，创造出了业界闻名的"中华现象"、"中华速度"，这些业绩是和孙月生的努力、勤奋、创新分不开的。面对未来，我们将随着孙月生的长远目光，期待他在以后的日子里带领中华联合财产保险公司创造出新的佳绩！

◎史海撷英

新疆生产建设兵团

　　1954年，中央军委决定在新疆组建生产建设兵团，这也是农垦这一历史经验在新的历史条件下的继承与发展。

　　1954年10月，中央军委命令驻疆人民解放军大部集体转业，脱离国防部队序列，组建生产建设兵团，其使命是劳武结合，屯垦戍边。

　　兵团成立后，得到了党中央、国务院、中央军委的高度重视和关怀。党的"十六大"以后，国家进一步加大了对兵团的支持力度。

　　2003年5月，国务院新闻办公室公开发布《新疆的历史与发展》白皮书，对屯垦戍边历史经验和兵团的性质、地位、任务和作用作出了专章阐述，明确了新疆生产建设兵团是国家实行计划单列的特殊社会组织，受中央政府和新疆维吾尔自治区人民政府的双重领导。

◎文苑拾萃

全国性的保险公司

　　一、中国太平保险（集团）公司：简称"中国太平"，下辖太平人寿、太平保险、太平资产、太平养老、民安保险、中保国际（香港上市）等。

二、中国人寿保险（集团）公司：简称"中国人寿"，下辖中国人寿、国寿资产、国寿海外、国寿财险等。

三、中国人保控股公司：简称"中国人保"，下辖人保财险、人保寿险等。

四、中国再保险（集团）公司：简称"中国再保险"，下辖财产再保险、人寿再保险、中国大地财产保险、中再资产、华泰保险等。

五、中国出口信用保险公司，简称"中国信保"，在英国伦敦设有代表处。

六、新华人寿保险股份有限公司，简称"新华保险"，经营范围包括各类人寿保险、健康保险和人身意外伤害保险业务。

江卫与"枣矿集团"

◎凡建立功业者，又立品为始基。从来有学问而能担当
大事业者，无不先从品行上立定脚跟。——徐世昌

> 江卫（1952—），汉族，山东淄博人，1970年6月参加工作，1976年8月加入中国共产党，山东煤炭干部学校高级工商管理专业毕业，高级政工师，工程技术应用研究员、高级职业经理人。

早在清光绪五年（1879），洋务运动创始人、北洋大臣李鸿章就在山东省积极创办"官窑"——山东中兴矿局，与当时的抚顺、开滦并称中国最早的三大煤矿。

解放后的几十年间，作为典型老国有企业的枣矿集团，为社会主义建设作出了突出的贡献。然而到了20世纪90年代，由于老区的部分矿井衰老，资源枯竭，新区的矿井还不够完善，战略重心转移遇到困难，矿区的生存和发展遇到前所未有的困难，企业负债几十亿元。一时间，铁路部门由于欠运费而限供车皮，电力部门停电，税务部门不给提供发票，职工工资也无法发放……枣矿集团的生产经营陷入低谷。

2000年元月，山东省委对枣矿集团领导班子进行了调整，时任淄博矿务局副局长的江卫临危受命，担负起枣矿集团董事长、党委书记的重任。

要想帮助枣矿集团走出困境，在激烈的市场竞争中站稳脚跟并求得发展，就必须树立适应企业摆脱困境和市场竞争的良好精神状态，而落后意识形态的根深蒂固，安于现状、墨守成规的习惯势力和"等靠要"思想，则是制约枣矿集团发展的重要根源。

经过深入细致的调研，江卫敏锐地感觉到，如果不能彻底摆脱陈旧观念的束缚，不打破员工思想上的坚冰，建立一套全新的管理理念和管理机制，就不能真正帮助枣矿集团走出低谷。要想让枣矿集团真正发展起来，就必须经过一次使职工的观念意识能够适应改革时代潮流的脱胎换骨的转变，必须在思想解放和观念更新上大做文章。

为此，江卫亲自撰文，在《枣庄矿业新闻报》上发表了《解放思想、更新观念、推动改革》的文章，给干部员工灌输先进的经验，引领思想观念，号召干部职工彻底摒弃"等、靠、要"的计划经济思想，全面向市场经济转型。

经过多次研究讨论，枣矿集团改革发展的新思路逐渐转化为枣矿人的共识，为枣庄矿区发展奠定了思想基础。

在江卫和公司领导班子的果断决策下，枣矿集团以"人事、分配、劳动用工"三项制度和管理机制改革为先导，开始了公司治理、产权制度、主辅分离、辅业改制、债转股、关井破产等改革，打响了全面改革创新的攻坚战。

煤与非煤新建项目，投资主体多元化；后勤物业实行市场化运作；营销、财务、采购、物流高度集中统一，一改"各矿自主，分散经营"模式，实现了集约化管理。加强企业诚信建设，建立风险防范机制，确保企业健康发展。确立名牌经营战略，导入流程精品管理，倾力打造枣矿品牌……

一矿一策，分类指导，在加快实施改革创新的同时，江卫在生产管理和运行机制上做文章，创造性地提出"新井新机制"的理念，并成功运用于新安矿井建设，结出了丰硕的果实。

在主业扩张上，江卫又组织加快新井建设步伐、提升原有矿井能力和实施"走出去"战略三大攻坚战，先后完成了多对矿井的新建和改扩建任务，创出多项全国矿井建设新纪录。

新安矿是枣矿集团的一座矿井，设计年生产能力为60万吨，从1996年开始筹建，直到2000年初矿井的副井筒才打到底，因此基本上都是处于停工状态的。

"打破传统建井模式，新井采用新机制。"江卫一语中的，掷地有声。在努力争取上级支持的同时，江卫与公司员工决定，在矿区职工内部募集资金入股，走投资多元化的道路，并打破旧有的干部委任制，在全矿区公开竞聘干部，由业主全权负责建井及投产后的工作。

新安矿项目业主通过公开竞聘产生后，枣矿集团公司又进行了慎重的研究，为矿井配备了强有力的领导班子，并签订《矿井建设目标责任书》，交纳风险抵押金。工人们采用劳务输入方式，管理人员实行一岗多责、一职多能，全员竞争上岗。同时，还优化矿井设计，缩短施工工期，在矿区内不建生活区，彻底解决了建井周期长、投资大、用人多、工效低、效益差等根本性问题。

依靠改革创新、采用新井新机制，新源、滨湖两对新建现代化矿井各自仅用了18个月时间，就陆续建成投产了，从而创出了中国煤矿建设史上的快纪录、高质量、高水平。

在新建矿井采用新机制的同时，江卫还对老矿井进行了一系列的科学论证，并进行体制上的改革创新，将原下马矿井八一矿的接续井高庄矿实施分离，重新组建了新八一煤矿，在对高庄矿井松绑减压的同时，大力实施矿井技术改造，仅用一个亿的资金、一年的时间，就使高庄矿这个原设计年产60万吨的小型矿井变为年产300多万吨的大型现代化矿井，创造了一矿一井一年产煤炭300万吨的安全高效业绩，实现了稳产高产。

新组建的八一矿进行复采，坚持煤与非煤并重，积极改制转产，新上了水煤浆热电厂、水煤浆制备、载重子午轮胎等高新项目，在二次创业的征程中实现了脱胎换骨的变化，焕发出了勃勃生机。

在实施"走出去"战略上，枣矿集团开发的步伐迈向"四省多国"。在贵州、云南、安徽和山东省等地进行了煤炭资源开发，形成了"老矿带新矿、一矿变两矿"的发展格局。在加拿大、美国、泰国、印度尼西亚等国成功地开发森林资源，合作生产石膏建材，进行物资贸易，合作领域不断拓展、延伸。

按照环保节能好、市场前景好，科技含量高、附加值高"两好两高"要求，壮大非煤产业，大力发展循环经济，拉长产业链。近年来，集团公司先后投资数十亿元，新建和续建重点非煤项目，新上年收入过亿元的非煤项目已达十三家。水煤浆热电厂、捣固焦、甲醇、铅晶电池、石膏板、络合钙、低聚异麦芽糖、硅锰合金、子午线轮胎、变容空调、油脂化工、白炭黑、苯加氢等一大批重点项目陆续投产。目前，枣矿集团已有非煤产品一千余种，许多产品畅销国内外。矿区非煤总收入已由2000年的不足10亿元跃升到2006年的78亿元。

近年来，集团公司先后获得了一大批省部级科技进步奖和两项国家科技进步奖，申报专利39项。仅2007年上半年，就荣获省部级以上科技奖励45项，专利2项。枣矿集团被国家知识产权局评为中国专利山东省明星企业。

在企业管理中，江卫注重把一系列现代管理思想、前沿管理理论和先进管理手段运用于实践，大力加强企业文化建设，使枣矿集团实现了由传统管理向文化管理的转型，形成了全体员工共同遵守的价值观和行为规范。为打造强势执行力，增强员工执行意识，集团公司把军队文化引入矿山，在矿区开展了全员军训和准军事化管理。江卫率先垂范，身体力行。集团公司建立了计划、执行、考核、责任追究、奖惩等闭合循环的工作落实机制，响亮地喊出了"把矿山打造成军营，把员工塑造成军人"的口号，有效地解决了规章制度严不起来、执行不下去的问题，使各项工作的开展得到了强有力的保证。

煤矿生产，安全为天。从青年时期就下井挖煤、有着丰富的煤矿阅历、经历过多次生死考验的江卫，深知搞好安全生产的极端重要性。在安全生产工作中，江卫以创建全国一流的安全型企业、向世界发达国家安全水平迈进为目标，认真贯彻党的安全生产方针，落实安全生产责任制，大力倡导以人为本的安全理念，力推安全宣教"十三法"和"手指口述"操作法，以安全理念引导人，以安全教育感化人，以安全政策激励人，以安全氛围影响人，结合矿区实际，辩证地提出并深刻阐述了"制约＋自觉"搞好安全生产及其他各项工作，向"自觉＋制约"过渡的深刻内涵。

和谐发展是发展的最高境界。在改革发展的进程中，江卫及公司一班人忠实履行自己的职责，团结带领广大职工群众脚踏实地，迎难而上，谋求企业又好又快发展，致力建设富美和谐矿区。

在和谐矿区建设中，枣矿集团以科学发展观为统领，坚持以人为本的理念，注重在加快发展中推动和谐矿区建设，以解决发展中存在的不和谐问题为出发点和着力点，努力把党的十六届六中全会提出的要求，落实到企业的各个方面、各个单位和各项工作中去。结合矿区实际，找准着力点，明确战略，创新载体，提出了和谐矿区建设的总体目标：

一、内外发展同步推进，核心竞争力持续增强。

二、安全形势持续稳固，达到国际先进水平。

三、建设资源节约型、环境友好型企业，循环经济基本形成。

四、员工生活殷实富裕，生活水平总体达小康。

五、优化人力资源配置，富余人员多与人才匮乏的矛盾得到缓解。

六、管理体制创新富有成效，主业精干化、辅业专业化、生活后勤服务社会化的经营框架形成。

七、营造和谐的外部发展环境，双赢共荣的企地理念达成共识。

八、社区管理有序，员工家属安居乐业。

九、企业内部矛盾有效化解，矿区保持总体和谐稳定。

十、"三三三"品牌管理文化更加完善，企业文化国内领先。

作为枣矿集团董事长、党委书记的江卫，尽心谋政，大力加强精神文明建设，使集团公司形成了目标明确、责任分明、坚强有力的工作机制，文明创建喜结硕果。矿区先后涌现出一大批全煤系统、省级和市级文明创建先进单位，其中田陈煤矿被中央精神文明建设指导委员会命名为"全国精神文明建设工作先进单位"。

◎故事感悟

　　"敢问路在何方，路在脚下。"脚踏实地，艰苦创业，激情创业，超越自我，一个个奇迹都是这样创造的。江卫与枣矿集团将会做得更大、更好，我们也期待着江卫与枣矿集团能够早日冲出亚洲，走向世界！

◎史海撷英

枣矿集团的前身：中兴矿局

　　嘉庆元年（1796）前后，清政府继续实行"听民开采、不加禁止"的政策，使得"矿山得以开放"。此后，山东枣庄地区便出现了"县诸大族若梁氏、崔氏、宋氏，以炭故皆起家，与王侯埒富"的局面。

　　光绪五年（1879），枣庄的名士坤金铭、李朝相、法玉昆等人集体上奏，经李鸿章奏准，正式成立了"官督商办"的"中兴矿局"。

　　虽然中兴矿局业务开展得比较顺利，但由于资本力量过于薄弱，限制了它的发展，生产上除了汲水使用机器外，其一切工作，如挖煤、运煤等，仍然需要人力进行，基本上还没能脱离手工操作。

　　光绪九年（1883），中兴矿局计划扩大规模，在上海公开招股，拟募集股本凑足十万两。不料恰好赶上上海金融恐慌，扩充股本、添购机器的一切计划都没能实现。因此，煤矿生产过程依然大都依靠手工，机器所占比重很低。

　　这种状况一直延续到19世纪90年代初期，都未见重大改进。再加上"交

通不便，转运维艰，多出则积压成本，少出则不敷开支，以至十余年，未见什么成效"。

◎文苑拾萃

中国煤炭资源

中国煤炭资源丰富，除了上海以外，其他各省区都有分布，只是分布极不均衡。

在北方大兴安岭——太行山、贺兰山之间的地区，地理范围包括煤炭资源量大于1000亿吨以上的内蒙古、山西、陕西、宁夏、甘肃、河南六省区的全部或大部，是中国煤炭资源集中分布的地区，其资源量占全国煤炭资源量的50%左右，占中国北方地区煤炭资源量的55%以上。

在南方，煤炭资源量主要集中于贵州、云南、四川三个省内。这三个省内的煤炭资源量之和为3525.74亿吨，占中国南方煤炭资源量的91.47%；探明保有资源量也占中国南方探明保有资源量的90%以上。

打造一片新天地

◎古往今来，能成就事业，对人类有作为的，无一不
是脚踏实地攀登的结果。——钱三强

> 刘成山（1948—），1993年任铁三局副局长，1997年任局长，现任中铁三局董事长。

中铁三局集团有限公司前身是铁道部第三工程局，于1952年成立。

中铁三局集团有限公司是全国首批一级大型总承包施工企业，在中国500家最大建筑企业中位居第三，中国建筑系统百家企业经营业绩排名第四。中铁三局是一支专啃硬骨头，特别能战斗的建筑业铁军，多年来为我国铁路建设立下了赫赫战功。

1997年，刘成山调任中铁三局局长。刚刚接任局长时，中铁三局所属绝大多数二级企业都处于负债累累、亏损严重的困难境地。在刘成山的带领下，集团履行国有资产保值增值的庄严使命，经过几年的努力，集团国有资产保值增值率逐年提高。

同时，刘成山又带领铁三局通过开拓市场、深化改革、战略创新、机制创新、体制创新、功能创新、结构创新等一系列措施，不断增强企业活力，壮大自身实力，使企业劳动效率持续提高。2005年，中铁三局集团劳动生产率达到41万元以上／人·年，是1998年5万元的八倍多。公司还先后荣获"全国先进施工企业"、"全国施工企业设备管理优秀单位"、"全国质量效益型先进施工企业"、"全国先进基层党组织"称号；连续六年被命名为山西省"优

秀建筑企业"、"重合同守信用单位"、"AAA级资金信用企业",并获得"思想政治工作优秀企业"、"省级文明单位"、"社会治安综合治理模范单位"等荣誉称号。2005年中铁三局集团有限公司获山西省"五一劳动奖章"。

面对日益激烈的市场竞争,刘成山以其钢铁般的坚强意志,清醒的政治头脑,敏锐的市场意识,务实的工作精神,团结带领中铁三局四万余名职工,解放思想、创新观念,积极顺应经济发展趋势,开拓经营,强化管理,坚持贯彻"区域经营、滚动发展"和"走出去"战略,经营规模快速扩大,在激烈的市场竞争中为企业创出一片新天地。

从1998年到2005年,企业累计完成营业额590.5亿元,主营业务收入稳定大幅增长,提高了中铁三局集团抗风险能力和持续发展能力,同时国有资产实现了保值增值,经济效益不断提高,在弥补十多亿元历史潜亏、上缴利税总额达14亿元和解决大量历史旧账的前提下,从1998年开始连年实现盈利并逐年提升,2005年实现利润5095万元,公司实现了跨越式发展。

刘成山积极倡导推行全员、全方位、全过程标准化管理,使企业顺利通过ISO9001、ISO14001和OHSAs18001标准认证。由于实施管理升级战略,不断探索新思路、新模式,促使项目建设和企业管理水平发生质的飞跃,扩张能力和赢利能力得到显著增强,创建了一大批国家和省部级优质工程,西康线、朔黄线、秦沈线、神延线创全线一流,皖赣线杨家渡特大桥获"国家优质工程奖"、上海地铁工程喜获"詹天佑大奖",郑州车站主站、朔黄线捧回"鲁班奖",并多次获得"汾水杯"、"中州杯"以及"白玉兰奖"。

在企业管理过程中,刘成山始终坚持以人为本、科技领先的办企方针。在他的主持下,集团公司先后获得一百多项重大科技成果。尤其是在大型土石方、站场改造,长大隧道、桥梁施工上,均具备特殊技术优势。在高速铁路、高速公路、高层建筑和高冻土的试验研究与技术攻关中,在城市轨道交通、深水基础、大型爆破施工方面,均处于行业领先水平。

几年来,中铁三局集团共完成科研和技术攻关80项,通过省部级、总公司鉴定162项,其中高原冻土、高速铁路科技试验,在国内处于先进水平。仅2006年一年,全集团公司技术开发费就达到4961.84万元。

　　2000年11月28日，企业改制为中铁三局集团有限公司，作为公司董事长，刘成山严格按照现代化企业制度的要求，着力规范完善法人治理结构，认真严格执行股东会、董事会决议，新三会、老三会运转协调，以坚持深化改革的大文章，推动企业实现了大发展。

　　刘成山还亲自主持制定企业四年发展规划，提出经营扩张、管理升级、改革创新、人才开发、科技兴企、企业发展六大战略目标，并把实现目标纳入班子考核体系，用制度确保企业持续发展。

　　如今，中铁三局集团已成为"世界双500强"企业、中国建筑业的龙头企业，中国铁路工程总公司的排头兵，综合实力名列全系统前茅。以100多亿的年产值、200多亿的市场份额和6000万元的年利税，成为促进山西省经济社会发展的中央驻晋重要国有骨干企业。刘成山当选为山西省第九届人大代表，先后获得"中国建筑业优秀项目管理者"等荣誉。

◎故事感悟

　　我们有理由相信，只要刘成山和他的战友们坚定不移地贯彻党的方针政策，严格按现代企业制度办企业，今后的路就会像绵延的铁路一样越走越长远，前途无限宽广！

◎史海撷英

中铁三局集团有限公司的建立

　　中铁三局集团有限公司前身为铁道部第三工程局，是在山西省太原市注册的国有大型企业，也是建设部首批批准的一级工程总承包企业暨工程施工总承包一级企业。

　　中铁三局成立于1952年，主要从事新（改、扩）建铁路，电气化铁路及公路、机场、水利、电力、市政、工民建筑、地下铁道等工程施工和勘测设计。下设23家分公司，施工区域分布在全国21个省、市、自治区，重点在华北、华东、西

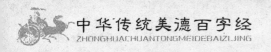
南、中原、两广等地区施工。

中铁三局全局总资产达40.5亿元，各类机械设备6300多台（辆），年施工能力可达50亿元以上。

◎文苑拾萃

铁路运输

铁路运输是一种陆上运输方式，主要以机车牵引列车在两条平行的铁轨上行走。然而，广义上的铁路运输还包括磁悬浮列车、缆车、索道等非钢轮行进的方式，这些方式也被称为轨道运输。

铁路运输是已知的陆上交通中最有效的方式之一。在铁路运输过重，铁轨可以提供极其光滑及坚硬的媒介，让列车的车轮在上面以最小的摩擦力滚动，从而使上面的人感到更舒适，而且还能节省能量。

如果配置得当，铁路运输可以比路面运输运载同一重量物时节省五至七成的能量。而且，铁轨还可以平均分散列车的负重，令列车的载重力大大增强。

中国服装行业的排头兵

◎应该记住：我们的事业，需要的是手，而不是嘴！——童第周

> 李如成（1951—），高级经济师，中共党员。1981—1990年，从宁波青春服装厂工人，到厂长、书记。1991年至1993年7月，任宁波雅戈尔制衣有限公司董事长兼总经理。1993年7月至今，任雅戈尔集团股份有限公司董事长、雅戈尔集团总裁。1991年、1994年连续两届被评为全国优秀乡镇企业家，"七五"农业部劳模，浙江省优秀党员。2001年被评为全国优秀乡镇企业家。2003年4月，被评为浙江省第二届创业企业家。

雅戈尔集团创立于20世纪80年代初。经过30年的发展，如今的雅戈尔已经逐步确立了以纺织、服装、房地产、国际贸易为主的多元并进、专业化发展的经营格局。

1980年，已近而立之年的李如成怀揣两万元知青安置费，在村边戏台地下室的原始手工作坊里，开始与尺子、剪刀、小板凳等打起了交道。30多年一转眼就过去了，如今，人们已经看不到一点镇办"青春服装厂"的影子，取而代之的，是大名鼎鼎的"雅戈尔集团"。

雅戈尔集团股份有限公司已发展成为国内规模最大的服装制造业生产基地和当之无愧的行业龙头。而缔造雅戈尔传奇的李如成，也从一名普通的乡镇小厂工人成长为大型集团的总裁，兼任中国服装协会副理事长、中国乡镇企业协会副会长，先后荣获"全国功勋乡镇企业家"、"全国农业劳动模范"、

浙江省"跨世纪十大杰出改革家"等光荣称号，并于1998年以来连续当选全国人大代表。

李如成十分重视企业发展战略和企业技术创新战略研究。在完成一次创业的基础上，他带领雅戈尔集团及时制定了二次创业发展规划，对雅戈尔的品牌、营销、产业发展、国际化、投融资、财务决策、数字化、管理机制、人才与分配、企业文化建设等十大战略问题作了深入研讨，提出了以技术创新为动力，制订近、中、远三个阶段的企业技术创新战略，既看到了中国纺织服装业是世界规模最大的传统优势行业，更看到了中国纺织服装业参与国际竞争的整体技术水平还存在明显的不足。同时也看到中国纺织服装行业缺乏以客户为中心、满足个性化需求的产品创新体系，从市场信息预测、产品配送到生产制造整个供应链反应缓慢。

为此，李如成对第二次创业的创新战略和规划作了很大调整，通过技术创新，要求在三方面寻求重大突破。

首先在服装开发方面，李如成运用高新技术对传统服装产业进行技术改造，积极引进国际先进智能生产设备，提高产品品质和档次；在品牌建设上为满足不同层次、不同个性消费需求，采取多品牌经营战略，把单一的品牌延伸为系列品牌，在品牌国际化方面努力寻求与国外著名公司合作。

其次在面料开发生产方面，李如成积极寻求与国际跨国公司合作，在引进国外先进纺织染整设备的基础上，还大力引进国内外优秀专业人才。在产品开发上，雅戈尔主要立足于中高档面料，逐步取代进口，并加强开发功能性整理的高附加值新产品，增加拥有自主知识产权的新技术和新面料，并注重加强清洁生产和绿色环保、提高纺织面料品质的稳定性，降低成本，提高产品的综合竞争力。

第三，雅戈尔积极建立快速信息化反应体系，推进企业业务流程重组，建立以市场为中心的业务流程，全面实现产品设计、工艺设计、面料生产、服装生产控制、仓库管理、财务核算、办公自动化等方面的雅戈尔数字化工程。

在上述技术创新战略指引下，雅戈尔集团公司制定了分年度实施规划和计划，并取得明显技术创新成效。

2004年，雅戈尔技术中心被国家发改委认定为国家企业技术中心。技术中心的建设，也极大地推动和提高了雅戈尔集团的技术创新能力，并取得显著经济效益。

2005年，集团开发完成新产品、新工艺、新技术28项，在研重点技术开发项目11项，共计39项，其中对外合作技术开发项目6项。当年，集团实现新产品销售9.8亿元，销售利润1.5亿元，分别比上年增长54.81%、17.05%，占当年企业产品销售收入与利润的29.70%、32.13%。

集团技术中心与分中心还联合研发了纳米拒水拒油免烫面料、纳米VP衬衫、DP纯棉免熨精品衬衫、纳米高级礼服呢、高档功能性服装里布、全羊毛高支印花衬衫面料、竹纤雅丽呢、全亚麻柔软免烫面料、超级保新免烫针织面料等十多个产品，被列入国家科技部重点新产品计划和国家火炬计划。据统计，2005年开发的十余种新产品，当年实现销售收入达5.10亿元，占当年销售收入的52.05%。

近几年来，由于产品研发速度不断加快，制定的新产品企业标准就有30多项，有近50%的产品企业标准等同于国际先进标准。

在企业管理中，李如成坚持以人为本，加大技术创新人才的引进和培育力度。如今，雅戈尔集团已形成专业门类齐全、研究开发能力过硬、老中青结合的研发队伍，并建立了比较规范、有效的管理机制，做到组织网络畅通，部门协作有序，科研目标明确，奖励制度分明，实施成效显著。

李如成不仅是一位成功的经营者，同时还是一位富有社会责任感的企业家。他将"装点人生，服务社会"作为雅戈尔集团的企业理念，视员工为亲人，先后投资5000万元建造雅戈尔新村，又投资1200万元建造雅戈尔职工宿舍，不断改善职工的生活条件。

近几年来，李如成又出资800多万元，为提高职工文化、技术素质进行培训，先后出资8000多万元捐助公益事业，为社会各界所称道。

面对成绩，李如成未敢自大。他说，要"创国际品牌，建百年企业"，我们还有很长的路要走。

◎故事感悟

李如成勇于开拓创新，通过横向联营、中外合资、股份制改造，逐步把企业推向新的发展高度，成为中国服装行业的排头兵。同时，他在企业经营中形成了独特的管理思想及经营理念，为我国乡镇企业走向世界提供了有益的经验。他的这种开拓进取、不断奋进的精神是我们所敬佩的！

◎史海撷英

雅戈尔涉足地产开发

1992年，雅戈尔集团开始涉足房地产开发，并相继开发了宁波市东湖花园、东湖馨园、都市森林、苏州未来城、海景花园、钱湖比华利等高品质楼盘，累计开发住宅、别墅、商务楼等各类物业300多万平方米，在客户中树立了良好的形象和口碑，赢得广泛好评。

近几年来，雅戈尔地产开发业务逐步向长三角区域延伸。2009年，雅戈尔成立了置业控股公司，进一步整合房产业务，通过业务重组和价值创新，力争在十年内成为全国地产的一线品牌。

◎文苑拾萃

服装的起源

人类社会发展的早期，就已经出现服装了。古代时，人们常把身边能找到的各种材料做成粗陋的"衣服"，用来护身。人类最初的衣服是用兽皮制成的，包裹身体的最早"织物"是用麻类纤维和草制成。

原始社会阶段，人类便开始有了简单的纺织生产，采集野生的纺织纤维，搓绩编织以供服用。随着农、牧业的发展，人工培育的纺织原料日渐增多，制作服装的工具也由简单到复杂，服装用料品种也日益增加。织物的原料、组织结构和生产方法决定了服装形式。用粗糙坚硬的织物，只能制作出结构简单的服装，而有了更柔软的细薄织物，才能制出复杂而有轮廓的服装。

最古老的服装是腰带，是用来挂上武器等的必需物件。装在腰带上的兽皮、树叶以及编织物，就是早期的裙子了。

第三篇

华人华侨的创业历程

香港"维他奶大王"

◎人生在勤，不索何获——张衡

> 罗桂祥（1910—1995），广东梅县人，10岁随母亲到马来西亚投奔父亲，1929年考入香港大学商学院。以儒家"厚生"思想指导自己创业，20世纪40年代在抗战时的香港创办豆品公司，生产出"穷人的牛奶"——营养饮品维他奶；直至六七十年代才取得巨大成功，成为全球最大的豆奶公司，被称为世界"维他奶之父"。

1968年，美国《时代周刊》中写道："三千年来，用大豆制成的各种食品一直是中国人食物蛋白质的主要来源。在远东，甚至有人称大豆为'中国母牛'。香港商人罗桂祥独具慧眼，将豆奶发展成为一项成功的事业，产品名为维他奶，如今已经成为该城市的一种热门新饮品。"

维他奶的名字，在香港可谓家喻户晓。从1940年开始，由香港豆品有限公司独创樽装豆奶，至今销量一直雄踞世界豆奶市场首位。年产近4亿樽（盒）的维他奶及各种保鲜装的维他饮品，已经风靡世界各地，而由此带来的财富滚滚，更是令香港豆品公司董事长罗桂祥先生名列"香港三十名首富"之中。

罗桂祥1910年出生于广东梅县。他的老家三乡寨上村是一个"七山二水一分田"的穷乡僻壤。罗桂祥的祖父10多岁时就远涉重洋，到槟城油米杂货店帮工；父亲是个读书人，曾应过试，40多岁时因祖父病逝才下南洋。

罗桂祥在家读了两年的初小，10岁时随母亲离开三乡，前往马来西亚。在马来西亚读了两年中文后，开始转读英文学校。由于当时中国内战，民不聊生，他当时的志向是当一名建筑工程师来建设中国，打算报考上海交通大学土木工程系。但是当时家境清贫，在九个兄弟姐妹中，他排行第七，父亲根本没有能力供他回国读大学，他只得在当华侨民政司当翻译。后来，南洋有名的大资本家余东璇出资，供罗桂祥到香港大学攻读商科，毕业后就做了余东璇的秘书，并帮他经营地产。

1937年，罗桂祥因业务关系到上海出差。有一天，他出席了青年会主办的晚会，听了美国领事馆商务参赞关于"大豆——中国的母牛"的演讲，深感大豆的丰富营养价值对中国人的重大作用。

回到香港后，罗桂祥目睹了劳苦大众营养不良、脚气病患者随处可见的现象，顿时心头一亮，突发奇想：何不把廉美的大豆制成高营养的豆奶，供劳苦大众饮用呢？

经过无数次研究和实验，维他奶终于在1940年3月9日面世。从此，普通的大豆就和罗桂祥的事业紧密地联系在一起。

创业过程中罗桂祥也遭受了许多波折，有成功也有失败。基于对廉美的大豆坚定不移的信念和争取成功的信心，他终于逐步走上成功之路。

维他奶制出的第一天，只卖出九瓶！原因是一般人认为豆奶是"寒凉"饮品，不但对身体无益，还可能对身体有害。此外，当时也没有经过消毒处理，容易变质，这也是销路不畅的原因。不足一年，罗桂祥的积蓄就全都用完了。接着，日军侵占香港，生产停顿，罗桂祥只好举家迁往内地，事业首次触礁告终。

1945年，日本战败投降，罗桂祥重新返回香港，与友人借了五万元做资本，重新恢复维他奶生产。

这次，维他奶是以汽水的形式出售的，每天可销1000支。1950年，罗桂祥专门设立了一个科学实验室，研究豆奶的消毒方法，并获得成功，从而延长了豆奶的存放时间，这才慢慢打开香港市场的销路，逐渐站稳了脚跟。随后，他又将阔口瓶改用汽水樽装，销量又大幅增加。1974年，罗桂祥率先引进无菌包装方法，逐步打开了海外市场。

在经营豆奶产品过程中，罗桂祥一直坚持一个原则：勇于采用新意念，不断大胆革新。1979年，他的公司推出了保鲜装柠檬茶，成为世界上第一家采用保鲜包装的公司。1984年，他又在世界上第一次推出375毫升的纸包装饮品。此后，罗桂祥公司的产品除了豆奶外，还有果汁、柠檬茶、菊花茶、奶类制品和汽水等几十种产品，大受社会人士的欢迎。

罗桂祥的成功经营，也得到了联合国粮食农业组织的重视。1964年，特邀请他在世界食物营养研究讨论会上作有关维他奶发展史的专题演讲，引起了很多国家的兴趣。随后的几来，从美国到日本以及东南亚各国，先后兴建了数十间制造豆奶的工厂，发源于香港的维他奶制品，每年数以亿计地推广到全世界，解决了千百万人的营养问题。

1979年，罗桂祥以补偿贸易的形式，在中国投资数千万元，共同发展在深圳的光明畜牧场。从新西兰购进良种乳牛，并从瑞典买入最先进的挤奶及加工生产设备，使之成为中国最现代化的畜牧场。

◎故事感悟

生活是创造的源泉。其实，在这个世界上，奇迹的产生有时并不神秘，只要我们善于发现，也许一个并不经意的东西就能引来新的机遇。罗桂祥正是通过对生活的仔细观察，展开想象，从而找到奋斗的目标，并为之努力不懈，终获成功。

◎史海撷英

罗桂祥以创业成果回报社会

罗桂祥有着强烈的民族认同感和爱国之心。1979年，中共十一届三中全会后不久，改革开放刚刚起步，为了支持新生的深圳特区，罗桂祥以补偿贸易的形式，与深证共同经营深圳光明华侨农场。光明农场也由原来国家拨款补贴变成每年向国家上缴相当数额利税的企业。

从20世纪80年代起，罗桂祥发动其兄弟陆续向家乡捐资建设公益福利事业，计有独资捐建梅县第一职业中学，与其兄弟合资捐建的有三乡罗进兴夫人医院、三乡罗进兴学校，为村里捐建水泥乡道、自来水、电力设施、汽车、电视插转台

等合计上千万元人民币。1994年，梅州市人民政府隆重授予罗桂祥"梅州市荣誉
市民"称号。

　　罗桂祥以"厚生"思想指导创业，以创业成果回报社会，为对人类、对祖国、
对家乡、对亲属有所贡献而感到满足和安慰。可以毫不夸张地说，他的一生，为
世界饮料行业树立了里程碑，也为自己树立了一座道德丰碑。

◎文苑拾萃

维他奶

　　维他奶是香港家喻户晓的饮料品牌，自1940年开始在香港生产，现生产厂房
遍及中国大陆、香港、澳洲和美国。

　　维他奶的品牌由罗桂祥创办，现时由香港上市公司维他奶国际集团有限公司
管理，该公司也以"维他"作为旗下饮料产品，包括果汁、牛奶、茶类饮品、汽水、
蒸馏水及豆腐等产品的品牌。

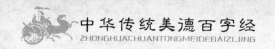
印尼华裔大企业家林绍良

◎人生在世，不出一番好议论，不留一番好事业，终日饱食暖衣，不所用心，何自别于禽兽。——苏辙

> 林绍良（1916— ），印尼林氏集团董事长，印尼政府经济顾问，印尼首富。美国《机构投资者》杂志将其列为世界十二大银行家之一，曾被称为"世界十大富豪之一"。1995年集团总资产高达184亿美元，营业总额约200亿美元，所属公司640家。

1983年，美国的《机构投资者》杂志公布了世界上最富有的12个大银行家的名单，印度尼西亚中央亚细亚银行董事长林绍良被列为第六名。

在东南亚，林绍良的名字可谓无人不知、无人不晓，他是曾被称为"亚洲洛克菲勒"的印尼首富、新兴华裔大企业家。他不仅在印尼工商界占有举足轻重的地位，也是许多国家及地区金融、工商界所熟悉的传奇人物。

林绍良领导下的"三林经济开发公司"简称"三林集团"，由林绍喜、林绍良和林绍根三兄弟共同创建，始于20世纪50年代，成长于60年代末和70年代，是与印尼国民经济和民族企业的兴起同步发展起来的。

在短短的十几年内，三林集团由一个仅有数百万美元资产的企业集团一跃升为横跨亚、美、欧三大洲，资产达70亿美元的企业王国。它的资产之雄厚、业务之多元化、经营地域之广泛，都令世人瞩目。它的成就不仅为林氏三兄弟提供了财富，也为所在国家作出了出色的贡献。

林绍良出生于中国福建省福清县海口镇的一个略有田产的农民家庭，小时候曾经读过几年私塾。1939年，为了逃避抓壮丁，林绍良到了印尼，寄居在中爪哇古突士小镇经营土产的叔父店里。当时，他的哥哥林绍喜已经在叔父的店里了。

太平洋战争爆发前后，为了维持生活，林绍良开始做小贩，每天早早地起来，自己加工咖啡粉，然后骑着自行车奔往离家六七十千米的三宝垄出售。

1945年8月15日，日本侵略者宣布投降，两天后印尼发表独立宣言，从那时起至1950年，印尼人民进入了反抗荷兰殖民者重新统治印尼的独立战争时期。印尼是群岛之国，海上交通是经济交流的大动脉。荷兰军队控制了爪哇、苏门答腊的大多数大城市以及外岛的广大地区。林绍良所在的中爪哇则是印尼共和国所在地，这里由于敌军的封锁，物资极为匮乏。许多生活必需品都通过海上走私运往内地。

有过多年小贩生涯的林绍良，已经练就了善于捕捉机会、敢于冒风险的本领。当时，中爪哇以生产丁香烟而闻名遐迩。40年代后半期，倒闭多年的丁香烟厂如雨后春笋般地建立起来，林绍良看到了丁香买卖的商机，便开始大力经营丁香生意，数年之间便获取巨额利润。

与此同时，林绍良还把采购来的粮食、衣物和药品等送往印尼共和国辖区，作为军需品供给驻在三宝垄市的蒂波尼哥罗师，解决了当地驻军的困难，从而获得"多方面帮助印尼共和国"的赞誉。

1952年起，林绍良先后以独资和合资形式开设自行车轮胎厂、肥皂厂、尼默纺织厂、布拉巴亚纺织厂、慕利亚纺织厂和达鲁玛纺织厂等。并开展进出口贸易，与新加坡、香港的华商建立贸易关系。业务活动也从三宝垄发展到雅加达，从工商业发展到金融业。1957年中央亚细亚银行的成立，为林绍良的事业奠定了初步基础，实现了经营多样化的目标。到60年代中期，林氏三兄弟在印尼华人企业界已是地位颇高的人物，他们已各有数百万美元的资产。

1966年苏哈托执政后，开始着手开展经济建设。1967年，印尼政府颁布外资投资法令，1968年又颁布国内投资法令，否定了苏加诺执政时期制定的诸如"十号法令"等某些排华的政策，为包括华人在内的国内外企业家提供了发展的机会。

其实早在50年代前后，林绍良在为三宝垄驻军提供军需品时，就结识了一些蒂波尼哥罗师的军官，并与当时任驻军团长的苏哈托关系密切。苏哈托上台后，以及他所制订的一系列政策，可以说为林绍良的事业开辟了一条通往成功的坦途。林绍良抓住这个千载难逢的好机会，决心大展宏图，实现梦寐以求的企业王国。

印尼《罗盘报》在1984年6月的一篇专论中说，林绍良是在伦敦、纽约及香港跨国公司学到了经商的秘诀，掌握了世界经济知识之后，立即应用跨国公司收购公司的方法和策略，在没有得到政府任何贷款的情况下，从荷兰的股票持有者手中收购"哈赫梅耶"，从而在金融界获得成功。因此，林绍良理应像印尼羽坛名将林水镜那样，受到社会的欢迎和肯定。

◎故事感悟

勤俭奋发是中华民族的传统美德；不怕失败、奋斗不懈、运筹帷幄、出奇制胜和深思熟虑是成功的必备条件。林绍良正是以这种信念去创造他的企业王国，并取得了非凡的成功。

◎史海撷英

林绍良运输军火

1945年8月15日，日本战败投降后，印度尼西亚宣告独立。然而，日军刚刚退出印尼，荷兰殖民军便卷土重来，一场印尼人民抗击荷兰殖民者的独立战争即将爆发。

当时由于殖民军的封锁，共和国军队的军火和药品是十分短缺。林绍良看到这种情况后，很是忧虑。因为如果再这样下去，肯定是无法抵挡荷兰殖民者的侵略的。于是，他决定做这方面的生意，为军队提供必要的军用物资。而在当时，这样做是需要极大勇气的，需要不怕风险、胆大心细。

林绍良先与共和国军方谈了自己的想法，得到了热烈的支持，双方一拍即合，认真而又慎重地研究了运输路线。

不久，林绍良便冒着生命危险，用帆船载着从新加坡购买的武器及军需物品，凭着对地形和海路的熟悉，左右回旋，巧妙地越过荷军封锁线，将一批军火安全地运到中爪哇印尼军中。

就这样，林绍良押运军火一次又一次地穿越荷军的封锁线，如入无人之境。每次运抵前线，印尼官兵都要向他欢呼致意。林绍良不仅从军火生意中获取了相当可观的利润，同时，又与印尼军官结下了深厚的私人友谊。这些都为林绍良日后事业上的成功打下了坚实的基础。

◎文苑拾萃

投资银行业

投资银行业是指以投资银行为主体，专门从事证券经营和为公司的收购兼并、项目融资、资金管理、公司理财等提供综合性金融服务与金融咨询的行业。

投资银行业是一个不断发展的行业。在金融领域内，投资银行业这一术语的含义十分宽泛，从广义的角度来看，包括了范围宽泛的金融业务；而从狭义的角度来看，包括的业务范围则较为传统。

狭义的投资银行只限于某些资本市场，着重指一级市场上的承销、并购和融资业务的财务顾问。

狭义的投资银行包括众多的资本市场活动，即包括公司融资、兼并收购顾问、股票的销售和交易、资产管理、投资研究和风险投资业务等。

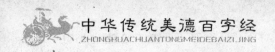

包玉刚称霸海上

◎登高莫问顶，途中耳目新。——潘刚

包玉刚（1918—1991），名起然。浙江宁波人。世界上拥有10亿美元以上资产的12位华人富豪之一，世人公推的华人世界船王。1978年，包玉刚的海上王国达到了顶峰，稳坐世界十大船王第一把交椅，香港十大财团之一，创立了"环球航运集团"，成为第一个进入英资汇丰银行的华人董事。1976年，包玉刚被英国女王封为爵士。他热情支持祖国建设，除捐献巨资为家乡兴建兆龙学校、中兴中学、宁波大学外，还建造北京兆龙饭店、上海交通大学包兆龙图书馆，设立包兆龙、包玉刚留学生奖学金等。

包玉刚是事业成就远比声名大的人，只要在香港，他每天都照例要做一件事：早晨7点半过几分的时候，他总是身穿游泳裤，从家里坐车下山，到附近美丽的深水湾去游泳。不管夏热冬凉，包玉刚都至少游上一刻钟，而且总是以一个方式——蛙式，头伸出水面，动作舒缓而极有规律，他决心前进，毫不松懈，能够一直那样游下去。

有人认为，包玉刚的晨泳与他做生意的方式差不多。包玉刚是个船东——航运界的人所谓的"独立"船东，以示与拥有船队的石油公司或其他企业不同。

包玉刚事业风险很大。世界知名的独立船东，有海派作风的希腊船王奥纳西斯和尼亚可斯，稳健而不爱出风头的美国船王路德威克以及香港船王董浩云，包玉刚当然也是其中一个。可是，他的作风与那些人不同，他避免风险，稳扎稳打而有条不紊，与海派作风刚刚相反。别的大船东都是在自己的帝国里保持一人高高在上的地位，而包玉刚却在他的公司里有合伙人和股东；别的船东都是把握机会牟取暴利，包玉刚却只求薄利。他的谨慎小心，以至以冒险自豪的航运界传统派有时诋毁他是"银行家"，甚至简直就不把他看成搞航运的。

然而，包玉刚却是个杰出的航运家。他一心一意购置新船，掌握了全球最大的独立船队。他的公司设于香港，总机构为"环球航运集团有限公司"，有大约70艘干货船和油船，总吨位皮重480万吨。

包玉刚既不是航海世家出身，也不是早年就从事航运业的。他年轻时曾是个银行家，来到香港之后才开始经商。1955年，37岁的包玉刚买下一艘8200吨的烧煤旧船进入航运业。他把那艘名为"英谬纳"的船改名为"金安号"。

按照他的作风与中国人的传统性格，包玉刚应该是个镇定而谨慎的人。然而他却是个拥有无限干劲和精力的人，而且又好胜。他的态度热诚而积极，与人有一见如故之感。他身高1.73米，157磅，身体极佳；他性格坦率、笑容可掬、健步如飞。一个和他相识的西方商界人士形容包玉刚是"配有中国音乐的神经汉"。

包玉刚是宁波人，父亲是殷商，由于中日战争，包玉刚没有读完大学，后来在衡阳搞银行业务。日军占领衡阳后，他逃到重庆。

抗战胜利后，包玉刚在上海出任市立银行高级职员，设法应付不断恶化的通货膨胀。1948年，他把全家都送到了香港。

包家是抛弃了在上海的一家纸厂股份来香港的，不过手头仍有一笔钱，可以再做小生意。银行、纺织似乎都没法搞，包玉刚和父亲包兆龙先生还有一些亲戚，便开始经商，起初只是做本地生意，后来又和中国大陆进行贸易，他们都在商言商。更要紧的是贸易不大好做，到了50年代中期，他们寻找另

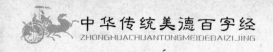

一种辅助性的生意做。

包老先生主张搞房地产，但包玉刚认为房屋是死的，只能收租，而且就像他们在上海的纸厂，有被充公没收的危险。他主张搞船，船是"动产"，航运业的范围很广，牵涉到金融、经济、政治，甚至于工程，他极有兴趣。公司里没有人赞同，但他最终说服家里人，以70万美元买下"金安号"。

说来凑巧，那时正是投入航运业最好的时机。1956年，纳赛尔将苏伊士运河收归国有，造成国际危机，航运费大增。包家运气很好，他们购入的"金安号"原本租给一家日本航运公司，租约刚好期满，包立刻和那家公司续订新约，租费却提高许多。用包氏的口头禅来说，那艘船赚了"许多钱"，包玉刚非常得意，利用赚的钱再买船，1956年底他已有7艘船。

包玉刚的经营作风似乎与当时航运业的兴旺不合，却与他的性格十分相合。一般船东通常是尽量把握市场上升的大好良机，也愿意冒无生意的风险，而把自己全部或一部分的船留作单程租用或"散租"。包玉刚是搞银行出身，不喜欢冒风险，宁愿把船"长租修"，就是中期或长期租用，这样收入虽然平淡无奇，但却稳当。

例如，1956年"金安号"的租金虽然不错，但如果"散租修"，租金还要高。包玉刚记得航运业的朋友讥诮他的稳健作风时，说他"是个初出茅庐的傻瓜"。但这些人不久便不作声了。因为1957年初，航运市场价格跌到最低点，只有像包玉刚那样采取"长租"办法的船东才获得了丰厚的利润。

包玉刚的稳健作风深受银行家的欢迎，不久便获得汇丰银行的支持。这家英国银行资产超过50亿美元，香港的钞票大部分是它发行，大部分贸易由它支持，总而言之，它操纵香港的方式，是任何地方的银行都少有的。

稍后的一笔生意，奠定了包玉刚与汇丰银行的关系。他告诉银行的桑达士，他有机会以100万元买一艘7200吨的船，并把它租给一家日本航运公司五年。那家公司急欲用船，还愿意出面请它的银行资助包玉刚买船，包玉刚想那银行会开一张75万美元的信用状给他，这数额略等于他租船给该公司的第一年租金收入，也是包玉刚想跟汇丰借贷买船的数额。他对桑达士说，他将以那175万美元信用状向汇丰作抵押，汇丰不会有任何风险。

桑达士同意了这笔生意，但是认为坐在他对面的这个人不会得到信用状，他说可以贷款，只要包玉刚能迅速拿出信用状。桑达士后来碰见包玉刚的一个同事，私下对那人说："你们的包先生疯了。"

这大概是桑达士最后一次小看了包玉刚。包玉刚立刻动身到了日本，带着信用状回来了，一批日本银行家还在莫名其妙：他们怎么会无端支持这个陌生人的呢？

此后，汇丰银行便一再支持包玉刚。不过，桑达士说银行里的人有时候对包玉刚那些庞大的计划不得不删减、踌躇，并细察有无危险。后来，包玉刚的银行业务大部分都由汇丰银行处理，因为航运生意是资本集中性质的，而且差以毫厘失之千里，所以它实际处理的事务很多。

桑达士在1962年升任汇丰银行首脑，不到两年，汇丰便初次投资包玉刚成立的新公司World Maritime Bahamas Ltd，汇丰所占股份为1/3。这个公司后来成为包玉刚集团中最大的机构。

1970年，汇丰和包玉刚再度合资成立一个公司"环球船运投资有限公司（汇丰这一次占的股份是45％），一年后，包玉刚成为汇丰银行董事，也是汇丰银行董事会里的第一个东方人。

1971年底，桑达士退休了，赛耶继任银行首脑。他显然对双方合作十分满意，上台以后又对包玉刚的一个新公司"环球租船国际有限公司"，投资股份37.7％，还向包玉刚本人买下"亚洲航业"10％的股份。这个公司是公开发行股票的，在包氏集团中是第二大的机构。总的说来，汇丰对包氏集团的投资账面值超过5000万美元，市面价值当然要大得多。

在海洋上，包玉刚成就了自己的事业，但他并不就此满足。20世纪70年代，包玉刚决定逐步把生意的重心转移到陆地上来，将赚得的部分财产投资越来越红火的房地产业，兼营酒店和交通运输。

为了在陆上也能取得海上那样辉煌的成就，包玉刚曾与香港首富李嘉诚一起，和英国资本集团展开了一场惊心动魄的斗争，这就是著名的"九龙仓"之战。

这次战役轰动了整个香江，大涨了华人的志气，打击了英资财团的嚣张气焰。包玉刚在谈笑之间，就调集了20个亿的事情，也成为一个传奇。

1985年，包玉刚又以5亿新加坡币夺得了英资集团会德丰股权，成为继李嘉诚入主和记黄埔之后，夺得英资四大洋行的第二个香港人。

1986年，包玉刚又一举收购香港另一个发钞银行渣打银行14.5%的股份，成为该行最大的个人股东。船王"弃舟登陆"，创造了又一个奇迹！

◎故事感悟

正确的选择比盲目的努力更加重要，在创业的道路上尤其如此。包玉刚在航运道路上越走越红火，凭借的正是不断进取的决心和对生意把握的宏谋大略。

◎史海撷英

包拯第29代嫡孙

1964年，包玉刚意外得知自己竟然是包拯的后代，可谓欣喜异常。

1964年10月，已离开故乡多年的包玉刚怀着对故乡的深厚感情，回到了浙江省宁波访问。这次回乡，他参观了江南最古老的藏书楼"天一阁"。这一天，"天一阁"的古籍管理工作人员听说来访者是香港船王包玉刚，就特意将"天一阁"中珍藏的一套《包氏家谱》捧出给包玉刚看。

　　这套线装古本的《包氏家谱》中，记录了包家绵延繁衍的根系。包玉刚当即查看了《包氏家谱》，并顺着包氏绵延脉络查下去，意外地发现自己是包拯的第29代嫡孙，高兴得喊起来："我是包青天的子孙！"

中华传统美德百字经
ZHONGHUACHUANTONGMEIDEBAIZIJING

霍英东的艰难创业路

◎未有不立志之人，便能做得事业。——戚继光

> 霍英东（1922—2006年），汉族，广东番禺人。1953年创办霍兴业堂置业有限公司及有荣有限公司，任董事长。先后担任香港地产建设商会会长，香港中华总商会会长、永远名誉会长，香港足球总会会长、永远名誉会长，国际足联执委，世界羽毛球联合会名誉主席，香港特别行政区基本法起草委员会委员，香港特别行政区筹委会预备工作委员会副主任，香港特别行政区筹备工作委员会副主任，香港特别行政区推选委员会副主任等职。1993年3月任全国政协副主席。2003年3月在全国政协十届一次会议上再次当选为第十届全国政协副主席。

在现代香港发迹奇特的亿万富豪中，霍英东算是突出的一位。至于霍英东的发迹经历及其业绩，香港内外的报刊多有述评。其中，香港有一篇文章曾用16个字概括："白手起家，艰苦创业，名成利就，爱国爱乡。"这一段文字虽然朴质无华，却画龙点睛似地道出了霍氏的生平。

霍英东今天不仅是香港工商界的巨擘，而且已跻身于世界经济强人之列。这么一位赫赫有名的大企业家，竟是一个穷苦出身者。

霍英东原籍广东省番禺县，父亲移居香港后，仅靠一叶舢板搞驳运小业为生，尽管终年劳碌，到头来还是一家人难得温饱。

1922年，霍英东就在这个水上穷苦人家里呱呱坠地了。当他在凄风苦雨中长到7岁的时候，一场风灾连船带人夺去了父亲的生命，使霍家生活几乎陷

入绝境，霍母无奈之下，只好带着霍英东及其两位姐妹迁移至香港湾仔一座摇摇欲坠的旧楼里栖身。

多舛的命运，并未能把霍母压倒，她以顽强的意志挺起腰来，惨淡经营先夫遗留下来的那份驳运小业。她经常出海与外来货轮接洽，代替他们把煤炭转运到岸上的货仓里，从中赚取微薄的佣金养家糊口。她一不会写，二不会读，深知没有文化之苦，因此，哪怕生活再艰难，也总设法省吃俭用，把从小聪颖的霍英东送到小学去念书。

到霍英东12岁那年，母亲又送他进入皇仁书院就读。而霍英东也不辜负母亲的苦心，在学校总是加倍用功，克勤克俭。

霍英东回忆当年学校生活的情景时曾说："在学校我勤奋读书，课余协助母亲记账，送发票，由于日夜奔忙和营养不良，一天下来实在精疲力尽。"

1937年日本帝国主义发动侵华战争以后，尤其在日寇占领香港期间，霍家生活每况愈下，霍英东不得不辍学踏入社会寻找工作，先后当过苦力、学徒和工人，可谓历经各种坎坷。

据有关文介绍，霍英东在日本人的机场当苦力时，所得报酬还不够糊口，一天只吃一碗粥和一块丝糕，常常饿得头昏眼花，四肢无力，有一天搬运煤油桶时被压断了一个手指。无奈，他便转当修理货车的学徒，却又因惹出了事故，被老板辞退。

此后，霍英东便到处打零工，既到船上做过铆钉工，又到实验室当过试糖工等，吃了不少苦头。有人形容霍英东踏入社会后的这一段生活，就像卓别林在电影中扮演的主人公一样，充满着失意、潦倒和辛酸。

直得1945年8月，日本无条件投降，日军撤出香港后，霍英东才趁机借用母亲多年积攒的有限佣金，又东拼西凑了一笔钱，参与转卖日本战后的战余物资，从中获得可观的利润，逐渐积累起一些资本来。这个时候，也就是霍英东白手起家的开端和艰苦创业的起步。

霍英东创业过程中，开头也不是一帆风顺的。日寇战败不久，日本商人到港出高价收购一种能制药物的海草。霍英东获悉，这种海草生长在太平洋柏拉达斯岛周围的海底。于是，他就购买了一艘摩托艇，联络80多个想赚钱的渔民，一道往该岛进发。

没想到的是，这个岛上的天气燥热不堪，又极缺食物、淡水和药品，面临着重重困难。他们在岛上一待就是六个多月，每天半裸着身子，拼命地采集着海草。等当他们完成任务返回香港时，个个都披着一头长发，又黑又瘦，简直就像一群野人。可是待到海草全部脱手，一算账，才仅够开销而已，毫无所获，弄得他们大失所望。

对于这次生意的受挫，霍母抱怨不迭，表示不再信任霍英东。从此，母子在事业上便分道扬镳，各行其是。霍英东后来回忆此事时说过："母亲信不过我，认为我冒的风险太大。但我行我素，绝不气馁。"

后来，霍英东又在友人帮助下，购买了一艘拖船，开始独立经营驳运事业。

在实践中，由于霍英东汲取了经验教训，善于筹划，精于经营，结果把驳运生意做得十分顺当，发展很快，大有所获，一跃成为当时香港运输线上崭露头角的强者。接着，他又凭着过人的胆识，看准时机，毅然决然地涉足香港房地产市场。

1953年，霍英东建立起了置业公司，大力扩展地产业，拆旧楼，建新厦，又买又卖，开创大楼预先分层出售的先例。不几年，他名下兴建的大厦遍及港九，打破了香港地产业买卖的纪录。

更令港人瞩目的是，霍英东独具慧眼，看准"掏沙"事业大有可图的发展前景，大胆派人到欧洲有名的厂家，重金订购了一批专门的掏沙机船，最先在港开展机械掏海沙的行当，而且不久又获得从中国内地输入海沙的专利权，使他成为独揽香港建筑业不可缺少的海沙供应巨头。原先在许多港商看来，干掏沙业用人多，获利少，赚钱难，始终不敢问津。岂知霍英东干起这一行当，却给他带来一项大收入，这不能不令那些商人感到惊诧和折服。

霍英东在香港的事业不断发展扩大。他经营的范围包括航运、地产、建筑以及旅馆、酒楼、百货、石油等多方面的行业，掌管着立信置业、信德等六十多家公司，可见其经济实力之雄厚。他现任香港地产建设商会会长、中华总会会长等要职，是现代香港社会具有代表性的人物之一。

身在香港的霍英东，心怀祖国内地建设，是一位著名的爱国人士，博得祖国人民的赞扬和尊重。他现在荣任全国政协常委、暨南大学教育和科学发展基金会名誉会长。

霍英东曾多次向内地投资和捐资累计达五亿港元以上。比如投资兴建著名的广州白天鹅宾馆、番禺宾馆、中山温泉宾馆，捐资给暨南大学、中山大学建立体育馆和建设广东高速公路等等。他这样做，其目的不是为了获得什么荣誉，而是正如他自己所说："我在内地投资、捐资的目的，是要为祖国四化尽自己的绵薄之力。"

霍英东对振兴祖国的体育事业表现出一片赤诚，他曾为恢复中国在国际体育组织中的合法席位作过巨大努力，起了重要作用。祖国内地运动员每次到香港参加重大比赛，都受到霍英东的热情关照，运动员刚到，霍氏的水果就送来了；而且每临决赛时，他都亲到运动场观看和鼓励。

1984年秋，霍英东在洛杉矶第二十三届奥林匹克运动会上，亲眼看到中华健儿夺得15块金牌，一举破"零"，终于跨进世界体坛强国行列的历史性场面，他心花怒放，格外振奋。为了表达希望看到祖国体育事业继续飞跃发展的心愿，他于1984年回国参加国庆三十五周年观礼时，在北京宣布捐资一亿港元作为发展体育事业的基金。现在，这笔基金正用于培养祖国体育人才，必将起到它应有的积极作用。曾任国家体委顾问荣高棠谈到霍英东时，曾给予很高评价："霍先生对祖国体育事业作出了可贵的贡献，令人难以忘怀！"

◎故事感悟

　　霍英东的创业之路无比艰辛，但他凭借着永不言败的进取精神开拓出了一片基业。他成功的事迹告诉我们，一个人只有不断进取才能在事业上有所成就。作为现代的年轻人，一定要把握现在、不停进取。不论得意还是失意，都要毫不在意；无论顺境还是逆境，都要永无止境！

◎史海撷英

霍英东开发南沙三阶段

　　1989—2000年，霍英东做了三件大事：一件是搞交通，修桥、筑路、建轮渡，包括港前大道、进港大道，都是由他亲手策划与政府合资建的；第二件事是绿化、美化南沙的环境；还有一件事就是建筑，成立了16个公司来进行运作，项目包括有荣船厂、新技船厂、东发货运码头等，总共投资24亿元左右。

　　2000—2005年，霍英东进行了自己设想的第二期工程，共七个项目：

　　一、建立南沙资讯科技园，霍英东拨出两亿元启动金；

　　二、建立蒲洲大酒店，总投资四亿的五星级宾馆，建成了41层；

　　三、建立南沙物流中心，主要是扩建东发码头；

　　四、建立新客运港码头，重建客运港，投资7000万元；

　　五、建立四幢大厦，分别为珠三角世贸大厦、香港中华总商会大厦、霍英东集团大厦、南沙大厦，总投资约6亿元；

　　六、建立英东中学，投资6000万~8000万元；

　　七、建立蒲洲南沙生活小区，总共有250幢楼房。

　　2005—2010年，霍英东开始构建现代化海滨新城，2010年将小南沙建设成为一座海滨新城。

◎文苑拾萃

油　轮

　　油轮是油船的俗称，是指载运散装石油或成品油的液货运输船舶。从广义上讲，油轮是指散装运输各种油类的船。

　　油轮除了运输石油外，还可以装运石油的成品油、各种动植物油、液态的天然气以及石油气等。

　　但是，我们通常所说的油轮，多数是指运输原油的船；而装运成品油的船称为成品油船；装运液态的天然气和石油气的船称为液化气体船。

"J"粒子的重大发现

◎由预想进而于实行，由希望变为成功，原是人生事业展进的正道。——丰子恺

> 丁肇中（1936—），实验物理学家。祖籍山东省日照市涛雒，华裔美国人，现任美国麻省理工学院教授，1976年诺贝尔物理学奖得主。他曾发现一种新的基本粒子，并以和自己中文姓氏"丁"类似的英文字母"J"将那种新粒子命名为"J粒子"。

1937年7月，日本帝国主义发动了对中国的全面侵略战争，丁肇中与父母跟其他许多人一样，也开始了流浪的生活。

丁肇中童年时期的学习也因为日本对中国的侵略而时断时续，很不稳定。但是，由于父母都是大学教授，经常有许多学者到家中聚会，一起讨论问题，丁肇中每次都会认真聆听，从中获益不小；同时，由于启蒙老师——母亲的教导，丁肇中求知欲旺盛的少年时期并没有虚度。

1948年冬，丁肇中开始接受正规教育，先后入台中市丰原中学、台北市成功中学和建国中学。读高中时，他最感兴趣的是中国历史，但很快又意识到，从历史中去寻找真理比从自然科学中寻求真理要困难得多，因而把兴趣转向了物理和化学。

由于受家庭的影响，丁肇中对学习一丝不苟，读书专心致志，遇到疑难，总是找遍书本，务必得到答案后才肯罢休。在课堂上，抢先回答问题也是他一大特点，不论对自己的答案有没有把握，他总是第一个举手回答老师的提

问。课后与同学们讨论问题时，他也往往要辩论到"甚解修"。

丁肇中课余时间大部分都是在图书馆中度过的，很少涉足影剧院等娱乐场所，他认为，"最浪费不起的就是时间"。由于勤奋刻苦，丁肇中各门功课都是成绩优良，尤其突出的是数理化，这也为他实现终身奋斗目标打下了扎实基础。

中学毕业后，丁肇中被保送到台湾成功大学读书。但是，他一心向往的是进台湾大学攻读，结果报考后名落孙山，最后还是回到了成功大学。但丁肇中没有灰心，认识到这次失败并不意味前程的失败，因而更加勤奋、踏实地学习。

大学的第一个暑假，丁肇中的心情很不平静，他反复思索着自己的前程，开始不安心于学机械工程，因为物理学的广阔天地更令他心驰神往。他读了不少有关科学家生平事迹的书，尤其是法拉第的艰苦奋斗精神深深地鼓舞着他，他决定把自己的一生全部献给物理学。

然而，丁肇中的父亲却有些忧虑，因为他深知，机械工程学好学坏，以后都有饭吃，可物理学却需要上等人才，要有极好的天赋才行，才能在世界各国优秀人才行列中突出出来。但是，当他看到儿子的坚定信念，便毅然表示支持儿子。母亲也鼓励他说："你要记住一点，不管你学哪一行，你一定要成为那一行的佼佼者。"

父母的大力支持，为丁肇中转修物理学增加了动力。

不久，父亲在密执安大学的师友、密执安大学工学院院长布朗教授到台湾访问，顺便拜访了丁教授。老友相逢，畅叙旧情。布朗教授表示对丁肇中很有好感，丁肇中的母亲趁机向布朗先生提及丁肇中去美国念书的事，布朗教授满口答应，并愿提供住宿。

1956年9月，丁肇中依依不舍地告别了亲友，启程到美国留学。

当丁肇中抵达美国底特律机场时，口袋里只有100美元，显然不够开销。然而，他在密执安大学以顽强的毅力，一边刻苦学习，一边打工挣钱维持生

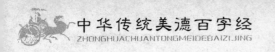

活，不久便以优异成绩获得了奖学金。

经过三年的艰苦努力，丁肇中获得了数学和物理学硕士学位。在大学学习过程中，丁肇中经常会打破书本的局限去理解物理现象，因为他认为，"作为一个科学家，最重要的是不断探寻教科书之外的事物"。

丁肇中原本是准备去普林斯顿大学从事研究工作的，不想在密执安大学举行的优秀学生聚餐会上，与建筑系的美籍女学生露易斯·凯薏邂逅。两人一见钟情，时常约会，感情日深。丁肇中遂决定留在密执安大学工作。

1960年底，丁肇中与凯薏在学校附近的基督教堂里举行了简单而隆重的婚礼。此后的二十多年中，对生活、事业、真理的热爱，更加系紧了这对异国情侣。在日后丁肇中成功的幕后，也包含了凯薏不可磨灭的功劳。

丁肇中在密执安大学物理研究所攻读两年后，提前获得博士学位。他本来希望成为一个理论物理学家，但有两件事却促使他改变了志向。

一件是在研究所中，丁肇中有机会向乌伦伯克、凯斯和拉波特等学识渊博的名教授请教，乌伦伯克教授告诉他：作一个实验家比理论家更有用。

另一件是在进研究所的第一个夏天，有两位教授正在进行一项暑期实验工作，缺乏一名助手，丁肇中应邀一度参加了这项实验。从此，他与实验物理结下了不解之缘。

丁肇中获得博士学位后，许多学校和科研部门都争着聘请他去工作。丁肇中选择了哥伦比亚大学尼文斯实验室。在该实验室中，他努力钻研了两年，发现了重氢分离子，第一次获得了自己的实验成果。

1963年，丁肇中由福特基金会资助，前往日内瓦欧洲核子研究中心，同可可尼教授一起工作。可可尼教授是一位非凡的物理学家，分析问题清晰简明的方式，选择研究课题的敏锐洞察力，都使丁肇中深受启发。

一年以后，丁肇中又回到美国，在哥伦比亚大学工作。这时的哥伦比亚大学人才济济，充满了挑战性，这也更加激发了丁肇中的奋发精神。他广师百家，善于从别人经验和成果中汲取营养，加上他敢于质疑，善于分析，富于革新创造精神，因而形成了自己独特的研究风格。

当时，丁肇中还参加了第一流物理学家李昂·黎德曼主持的实验项目，发现了"抗氢同位素"。由于美国的科学杂志与《纽约时报》和《新闻周刊》发表文章极力推崇这一发现，丁肇中在物理学界崭露头角。这件事对丁肇中日后从事实验工作也产生了很大的影响。

1966年3月，剑桥大学物理学家进行的一次实验，似乎揭示了违反量子电动力学的反常现象，这也引起了各方的瞩目。丁肇中也以极大的兴趣研究了这个明显的反常现象。他认真制定了计划，准备详细进行复查。

当黎德曼教授得知丁肇中这一行动后，感到非常惊讶，因为丁肇中从来就没有研究过这个课题，既没有经验，又缺乏物质上的支持，实验是难以成功的。

然而就在同年9月，仅仅用了半年时间，丁肇中就以惊人的毅力完成了这项实验，证实了量子电动力学的正确无误，澄清了从前未能澄清的问题。从此，丁肇中在国际实验物理学界取得了一席之地。1967年在斯坦福大学举行的一次国际学术会议上，丁肇中作了专题演讲之后，美国各大学的聘书便接踵而来。最终，丁肇中选择了美国麻省理工学院，在那里由他主持一个物理实验小组。

为了发现新的粒子，丁肇中协同其他研究人员设计了三个大规模的实验室，分别为汉堡的同步加速器研究所、纽约布鲁克文研究所和日内瓦欧洲核子研究中心。丁肇中不辞辛劳、风尘仆仆地奔波于美欧之间。这不仅反映了一个科学研究工作者的非凡组织才能与杰出领导艺术，也证明了丁肇中是一位极为执著的出色物理科学家。

丁肇中的工作重心是在布鲁克文实验室，用一部300亿电子伏特质子加速器寻找新的粒子。他夜以继日地探索着，经常工作十几个小时，连他唯一的嗜好——进中国餐馆都取消了。

1974年8月，在高能加速器的质子碰撞实验中，丁肇中终于发现了一个新的粒子，即"J"粒子。

"J"粒子是原子核中已经发现的几百种粒子中重量最大、寿命最长的一种，"它的寿命比其他粒子长一万倍"。为了慎重起见，丁肇中并没有马上宣布这一新发现，而是又经过两个月的无数次实验和反复核实，最后证实确凿无误，才于1974年11月向全世界宣布这一伟大的发现。

与此同时，美国加州斯坦福大学的里希特教授用不同的方法也发现了此粒子。

"J"粒子的发现，瞬间便轰动了沉寂十多年的高能物理学界。它不仅是基本粒子科学的重大突破，还使基本粒子物理迈进了一个新的境界。这是近数十年来高能物理学最重大的发现。因此，丁肇中和里希特教授共同获得了1976年诺贝尔物理学奖。

1977年，丁肇中被选为美国国家科学院院士，这也是美国科学家所能获得的最高荣誉。

然而，丁肇中在荣誉面前并没有止步，而是更加勤奋地继续攀登新的科学高峰，探索着物质的"根源"，寻找新的粒子。

除了在麻省理工学院从事研究外，丁肇中仍然频繁地来往于美国、联邦德国和瑞士之间。1979年，丁肇中所领导的研究小组又找到了胶子，这也是量子电动理论的一个重要证明。1985年下半年，他在日内瓦主持建造一个硕大无比的实验场，准备进行前所未有的庞大实验。他要模拟天地初开时那一刹那：宇宙爆炸，星际间布满炽热星尘，研究那一刻的物质结构变化和物质间的相互作用。

丁肇中在进行科学研究的同时，也非常关心祖国高能物理的发展。他曾不辞辛劳，远涉重洋，多次回到大陆从事学术交流和参观访问，向我国介绍国际高能物理的发展，努力促进国际物理学界同中国物理学家合作。

在丁肇中所主持的联邦德国汉堡高能加速器研究小组中，首先接纳了第一批北京高能物理研究所的研究人员。在他的亲自指导和无微不至的关怀下，从事研究的中国科学工作者有的已在欧美获得了博士学位。

丁肇中不仅为中国培养了一批实验物理的科研人才，还十分热心地为祖国培养实验物理研究生而努力奔波。丁肇中说："四千年以来中国在人类自然发展史上有过很多重要贡献，今后一定能作出更大的贡献。我希望在自己能工作的时间内，为中国培养更多的教学人才。"并一再表示，愿为中国早日实现现代化作出贡献。

◎故事感悟

要做成任何一件事，都会有困难，都会有艰辛。只是困难大小不同，艰辛程度不一。一个人若没有一点刻苦的精神必然会见困难就退却。丁肇中正是这样一位不怕吃苦的海外华人。他不仅在物理学界为人类作出了贡献，也为我们中华民族争得了荣誉！

◎史海撷英

丁肇中领导"阿拉法磁谱仪"实验探索反物质

1998年6月2日，美东部时间凌晨6时零9分，"发现号"航天飞机腾空飞起，机舱内载有中、美等国共同研制的"阿拉法磁谱仪"进行运行实验。这一震惊世界的举动，揭开了人类第一次到太空寻找反物质和暗物质的序幕。

阿拉法磁谱仪实验是一个大型的国际科学实验项目，该实验由丁肇中教授领导，有包括美国、中国、意大利、瑞士、德国、芬兰等国家和地区37个研究机构的物理学家和工程师参加，仅中国参加的科学家和工程师就有约200人，其目的就是为了寻找太空中的反物质和暗物质。

此次在航天飞机上运行的"阿拉法磁谱仪"传回的数据，从接收到的1％数据判断，全部工作正常，并出现了预想的反质子。但是，由于发现的数量太少，尚无法证明已经发现了反物质。

◎文苑拾萃

诺贝尔物理学奖

诺贝尔物理学奖是根据世界著名科学家诺贝尔的遗嘱而设立的，也是诺贝尔奖项之一。该奖项旨在奖励那些在物理学领域作出突出贡献的科学家。由瑞典皇家科学院颁发奖金，每年的奖项候选人由瑞典皇家自然科学院的瑞典或外国院士、诺贝尔物理和化学委员会的委员、曾被授予诺贝尔物理或化学奖的科学家，在乌普萨拉、隆德、奥斯陆、哥本哈根、赫尔辛基大学、卡罗琳医学院和皇家技术学院永久或临时任职的物理和化学教授等科学家推荐。

旅日商界女强人

◎任何职业都不简单，如果只是一般地完成任务当然不太困难，但要真正事业有
所成就，给社会作出贡献，就不是那么容易的，所以，搞各行各业都需要树雄
心立大志，有了志气，才会随时提高标准来要求自己。——谢觉哉

> 刘秀忍（1939—），"工商女杰"，日本三和商事株式会社董事长。台湾省南投县
> 庵谷乡人， 15岁弃学务工，担任卫生所验血助理，两年后又弃工从商，就职于台北
> 最大的建台百货公司，靠"恒心和真诚"的经营要诀，经营业务遍布日本、中国台湾
> 以及北美、欧洲、东南亚，成了驰骋全球的女强人。

　　刘秀忍出生于台湾省南投县庵谷乡。少女时代，她不太爱读书，所以15
岁时就到卫生所担任验血助理工作；17岁时只身离开南投县，到台北最大的
建台百货公司工作。这时，她才懂得了读书的重要，因此经常利用闲暇及夜
晚的时间自修，充实自己。

　　在20岁时，经媒人介绍，刘秀忍与台湾大学商学系毕业的黄共安结婚。
黄共安是个性内向的人，而且听觉不佳。所以在结婚后，他就把公司的贸易
业务交给妻子刘秀忍去料理。

　　刚开始时，刘秀忍不懂贸易业务，只能自己摸索着学习。但经过一段时
间努力后，公司的业务蒸蒸日上。忙的时候，刘秀忍总是一天只吃一碗五毛
钱的米粉汤，当然这也是为了省钱。由于年轻没经验，又轻信别人，刘秀忍
曾被人骗去两百多万元的积蓄。

　　1964年，公司的业务日渐兴隆后，她却把公司交给小叔经营，自己则偕
同夫婿东渡日本去打天下。在不拿家中一毛钱、不懂日本话的情况下，刘秀

忍重新开始了创业的艰辛历程。

起初，刘秀忍的"一人公司"开得并不顺利。第一笔生意，她承揽了一批食品罐头外销中美洲，对方却以"没有业绩，信用难卜"为由拒绝了。一开始就吃了闭门羹，这打击可是不小。

然而，刘秀忍也获得了可贵的教训，这使她认识了信用的重要，并以"信用为重"作为她以后办事的座右铭。挫折没有使她灰心丧志，而是激发了她的雄心壮志："我要做到有一天日本厂商主动向我寻求生意！"并为此而更加勤苦地学习、奋斗。

后来，刘秀忍把香料、味精原料从日本销往新加坡、泰国、菲律宾等国家，赚了一笔钱。她把这笔钱以每坪五万日币的价格，购买了位于千叶县的一块3500坪土地。三年后，她以每坪45万日币价格卖出这些土地，又用赚来的钱再买土地和办公大楼。

随着公司业务日趋稳定，信用提高，刘秀忍在日本商界渐受尊敬，生意自然也自动上门了，果然实现了她当年受到挫折时对自己许下的诺言。

20多年过去了，当年南投的灰姑娘，今日已是足以与日本大商社一较长短的"三和商事株式会社"董事长。

目前，刘秀忍在日本共有三家公司，80位日本职员，从事三角、四角贸易，以油脂类、化学原料、食品添加剂、香料、机械、包装材料为主要营业项目；往来客户遍及日本、美国、加拿大、欧洲、东南亚等地，据说营业额"相当大"。

此外，她在东京拥有七栋办公大楼，用来出租；在美国得克萨斯州有一个具有3000车位停车场的超级市场购物中心；在台湾也设有分公司"双安"，进口各种产品，台湾各大食品公司均向其购买食品添加料，尤其是"统一企业"与她有十多年生意来往，数年前更盛情邀请刘秀忍作为"统一企业"监察人。

刘秀忍拥有如此庞大的产业，不可能每事亲自过问，她靠的是知人善用，放手让属下员工去负责处理。她对属下的信任及宽宏慷慨，颇使职工折服。职工对她有这样的评价："在那个时代，实在很少有这样的女性……她的胸襟比一般男人更为宽大。奇怪的是，她自己生活相当节俭，对别人却毫不吝啬，十分慷慨。在她手下工作很舒服。"

刘秀忍的恒心和毅力是相当惊人的，为了达到目的，她始终不松懈地努力，一直到成功。有一次，她为了某件事去找一位教授，一共找了107次都没有找到。于是，第108次她又去了。那位教授不由得惊叹：这种恒心，真是世上少见！

而刘秀忍自己曾经一再强调："只要有1%的可能性，我也全力以赴！"

这位小时候不爱念书的女强人，现在却以她的成就获得美国林肯大学颁赠的荣誉商学博士学位，台湾方面也选她为"第二届杰出工商妇女"。

◎故事感悟

世上一切美好的东西都必须有所付出，成功最终属于那些具有刻苦顽强精神的人。刘秀忍正是凭借着吃苦耐劳、不懈的努力才获得了成功！

◎史海撷英

刘秀忍与政要的交往

20世纪70年代初，日本天皇曾接见过刘秀忍，鼓励她再创佳绩。中曾根康弘任日本首相时，还曾亲自送给刘秀忍一幅画，以示对她取得业绩的嘉奖。不少国家的达官显贵也都同刘秀忍交往颇深，美国林肯大学曾向她颁赠过荣誉商学博士学位。

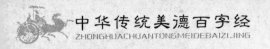

◎文苑拾萃

株式会社

　　日本企业通常都被称为"株式会社"，意思是企业就如同一个大家庭。为了避免家庭内部产生对抗，每一个人都有责任维持家庭内部的和谐与团结。

　　现在，很多日本学者写了《和拢经营革命》、《和拢经营哲学》等书。"和"，即和谐；"拢"，即靠拢。也就是说：一个工厂、企业的内部要凝聚在一起，大家紧密地联结成一体。整个公司就好比一部机器，每一个人都是其中的一颗螺丝钉，缺少任何一个机器都要发生故障。

　　在企业作出重大决策时，也需要经过多层次的研究以及全体成员共同讨论，然后才能集中起来，从而尽量避免上下、左右之间对抗而产生内耗。

魏弘毅致力于光纤事业

◎创业就应该做一件天塌下来都能挣钱的事情。——李嘉诚

1985年10月10日，美籍华人光纤专家魏弘毅从美国总统里根的手里，接过了全美少数民族杰出制造商奖。

由美国商业部小型企业处及少数民族发展处特设的少数民族创业楷模奖，下分个人、机构、制造业、零售业及服务业5项，各颁发奖牌，奖励自行创业的西裔、黑人及亚裔等"少数民族"。举办两届以来，魏弘毅是第一位获奖的亚裔人士。

这位光学纤维专家原本不过是一个走研究路线的"高科技苦力"，两年前转而从商，在亚利桑那州丹浦市（Tempe）成立精进光学纤维公司。在短短的18个月内，该公司的业绩由5万美元骤升至100万美元，"巨人"式的成长率，使他在近百位角逐者中脱颖而出。

从一个单纯的研究人员，到今天深具潜力的企业家，魏弘毅的创业过程，有许多可以作为华裔青年的参考。

魏弘毅毕业于台湾大学物理系。他读书的时候成绩相当优异，所以一心想走研究路线。他为自己取了一个英文名Albert，就是期望自己有一天能够像爱因斯坦一样，在科学领域中留名青史。

为了实现大学时代的期望，他在18年前负笈美国，进入原子能诞生地芝加哥大学取得物理学博士学位。当他还是该校学生时，就曾经以一篇杰出的研究报告得到去波兰参加国际学术会议的机会。

1975年，魏弘毅进入西屋公司服务，随后退出转至全美第二大半导体公

司蒙特罗拉从事纤维光学的开发研究工作。并得到年薪七万的经理职位。

虽然表面上一切都很顺利，但魏弘毅对自己所受到的待遇并不满意。他表示，高阶层职位的美商公司，仍难免存有种族偏见，待在蒙特罗拉公司，令他感觉"升为副总裁的机会渺茫"；另一方面，他的三极发光体（LED）为公司赢得了150万美元的订单，他个人却只得到1500美元的奖励。回头想想，自己过去的同学好多都已经搞成一番事业，如果再继续走研究路线，可能会蹉跎一生，他决心自办公司。

为了给从商铺路，魏弘毅又花了四年的时间，利用公余之暇，夜间在亚利桑那州立大学进修企管硕士。他认为，企管知识给了他很大的信心和勇气。

1980年拿到企管硕士学位后，魏弘毅就开始寻找资金准备自创公司。在这期间，他也碰了很多钉子。因为在美国很多人都是共同创业，而只有魏弘毅以其物理博士、企管硕士的背景，一切都是自己包办，所以提供资金的创业机构在审核贷款时，很少会以他为优先考虑对象。

魏弘毅早已认清这点，只好耐心地等。磨了一年多，他才得到自己所需要的第一笔创业资金。

得到资金后，魏弘毅就向蒙特罗拉公司提出条件，他想买下该公司的一个纤维光学系统自组公司，否则他要和别的公司合作。公司想了想，告诉他说：可以出去创业，但条件是要替公司再做两年半顾问。

自从组建公司之初，魏弘毅就以成本价进了不少蒙特罗拉的产品，这些钱再他的顾问费中扣除。从此，他进入蒙特罗拉的全国销售网，奠定了稳若磐石的基础。他和蒙特罗拉公司一直愉快合作，精进光学纤维公司的业务范围也愈拓愈广。

魏弘毅能够在商场上单枪匹马奋斗成功，除了他个人拥有物理、企管双重学识外，妻子康美惠的鼓励起了重要作用。魏弘毅创业的第一年，康美惠退居家庭料理家事，使他毫无后顾之忧。魏弘毅说："创业的第一年实在很辛苦，每天工作14到16个钟头，太太常常一天到晚见不到我的影子，却毫无怨言。"他一直庆幸能有一位具有典型中国女性美德的好太太。

此外，魏弘毅也强调，他创业成功的秘诀之一，往往是华裔青年不可忽略的因素，就是必须走出华人圈子，进入可能令你感到头痛、挫折的美国社交圈。他表示，个人的升迁和生意的成功，往往就是在社交活动中播下成功的种子。

凭着社交手腕，魏弘毅开始为精进光学纤维公司争取各种合同。由于他的精进公司是全美第一个，也是唯一一个由少数民族经营的纤维光学高科技公司，根据《小企业法》的规定，可以获得政府协议合同，不必参加公开招标。于是，他获得了美国国防部170万美元资讯传输工程的大合同。

接着，他又获得AT＆T30万美元的一笔新订单，能和AT＆T合作，精进公司就有了希望。

为了争取华人在美国社会应有的地位，他三年前在亚利桑那州发起了"亚美专业技术协会"，联合专业技术华人的力量，在科技与工程方面与美国社会沟通，争取华人平等福利。

这些，都是魏弘毅对自己的同胞所尽的心力。

◎故事感悟

魏弘毅的成功归功于其不安于现状的心态和不怕艰辛、肯于吃苦的精神，他的创业故事给在海外侨居的华人们树立了榜样，也为海外同胞打拼提供了可以借鉴之处。